Das Buch:

Modi`in und Brasilia sind Planstädte des 20. Jahrhunderts. Villingen ist nicht nur eine Planstadt sondern eine Idealstadt des Mittelalter. Entstanden um das Jahr 1000. Somit ist Villingen rund 1000 Jahre alt. Rund 800 Jahre bestand Villingen in seiner heute noch rekonstruierbaren vollkommenen Bauform. Um 1806 begann der Teilabbruch der beeindruckenden Stadtanlage und hielt an, bis 1868 der letzte der vorgelagerten Erker geschleift wurde. 1848 fiel das bedeutende Niedere Tor, deren fadenscheinige notwendige Begründung an heutige Aussagen erinnern lässt (des alt Glump kamer doch abreiße). Dieses Büchlein verweist auf ein Detail dieser einmaligen Stadt. Die Stellung der Türme mit ihren Toren. Über Jahrhunderte war man der Meinung, dass die Türme in erster Linie der Wehrtechnik dienten. Durch die Beweisführung in diesem Buch wird auch für nachhaltige stadtgestalterische Entscheidungen aufgezeigt, dass die Stadt Villingen geplant sein m u s s. Mit dem vorliegenden und dem Vorgängerbuch „Stadtkukturerbe Villingen" des Verfassers ist nachdrücklich und unumkehrbar die Stadt Villingen als Plan- bzw. Idealstadt anzusehen und damit eine höchste Rangstellung im Ranking nicht nur der mittelalterlichen Städte anzusehen. Villingen ist eine einmalige Stadt. Es wird Zeit, dass die entropische Erneuerung unterbunden wird und dass man wieder zu der ästhetischen Bebauung zurückfindet die uns die Stadttürme als Anspruch und Bedeutung vorgeben.

Der Autor:

Thomas Hettich, geboren und Schulausbildung in Villingen und Furtwangen. Studium der Architektur und des Städtebau in Konstanz. Beamtenausbildung in der Staatlichen Hochbauverwaltung jetzt Vermögen und Bau in Rottweil. Zahlreiche Wettbewerbsteilnahmen mit internationalem Rang und Planertrainigs in Karlsruhe. Einstieg in die wissenschaftliche Tätigkeit durch die Verbindung zwischen Architektur und Musik. Begleitende künstlerische Darstellungen in Tagebuchform. Auseinandersetzung mit der Musikstruktur vorwiegend des Jazz in pentatonischer Form mit Ergänzung der Blue Notes. Veröffentlichungen zur Stadt Villingen im Vergleich zwischen zwei grundlegenden Geometrien zur Beweisbarkeit der geistigen Setzung von Villingen. Veröffentlichungen zur Natur vorwiegend zur Frage was war vor dem Urknall und einer Konstanten die die dunkle Materie generiert. Grundlegende Überlegungen zur Raumstruktur anhand des Teilchens Proton und die Implementierung der Planckzahl in die naturwissenschaftliche Diskussion.

Thomas Hettich

Stadt Villingen

Die Ästhetik der Kreuztürme

Ein Beweis zur Planstadt Villingen

1. Auflage
© Thomas Hettich (2015)

ISBN 978-3-7347-7548-2

Gestaltung und Satz: Hanno Schreiber, MacSchreiber - Villingen,
Kontakt@MacSchreiber.de
Herstellung und Verlag: BoD - Books on Demand – Norderstedt
Umschlagbilder: Thomas Hettich und Gumpp'sche Plan, 1692

Bibliografische Informationen der Deutschen Nationalbibliothek.
Die Deutsche Nationalbibliothek verzeichnet diese Publikation in der Deutschen
Nationalbibliografie; detaillierte bibliografische Daten sind im Internet über
http://dnb.d-nb.de abrufbar.

Tu, was du kannst,
mit dem was du hast,
wo immer du bist

Theodore Roosevelt

ZUM VERSTÄNDNIS

Städte waren und sind die komplexesten Gebilde, die Menschen hervorbringen. Sie unterliegen einer immerwährenden Entwicklung, welche sich durch den Drang des Neuen in der jeweiligen Stadt und den darin schaffenden Menschen manifestieren und entwickeln. Diesem Neuen unterliegt eine ungeheure Kraft, der die Stadt ausgesetzt ist. Wie sich die Städte mit dieser Entwicklungskraft darstellen, ist in New York abzulesen. Um 1625 wurde für die Stadt New York Land gekauft und damit begonnen, die Stadt zu bauen. Was New York ist, kennt jedes Kind, wenn man ihm die Skyline von dieser Stadt zeigt. Die Entwicklung zu dieser Ansammlung von Hochhäusern ist nicht jedem bewusst, aber es ist nachweisbar, dass diese Skyline nicht bei Stadtbaubeginn vorhanden war, sondern dass sich diese Stadt mit den heutigen Türmen „entwickelt" hat und dementsprechend einem Wachstumsgesetz unterlag. Dies ist eine bedeutende Tatsache, um das Objekt Stadt einzuordnen und zu klassifizieren.

Mit Paris bringt man den Eiffelturm, den Louvre und vieles mehr sofort in Verbindung. Dabei ist wenigen bekannt, dass das heutige Straßensystem auf die Mitte des 19. Jahrhunderts zurückgeht. Bis zum Umbau von Paris hat diese Stadt eine Struktur, die einer Favela, einem Slum oder einem großen Dorf gleicht. Die hygienischen Umstände sind katastrophal. Georges-Eugène Haussmann erhielt den Auftrag, die Stadt so umzubauen, dass sich diese sozialen Konsequenzen solcher Umstände nicht realisierten. Die städtebaulichen Vorgaben (Licht, Luft, Sonne) der Moderne werden durch Haussmann in Paris realisiert und vorweggenommen. Die bauliche Entwicklung von New York und Paris ist damit grundverschieden. New York basiert auf einem durch die Straßenanlage vorgegeben Raster, welcher zunächst vier- bis fünfgeschossige Gebäude vorsah. Die heutige Bebauung, die sich über 300 Jahre entwickelte, ist bekannt. Hochhaustürme auf einem definierten Rasterraumgebiet, welche das Zeichen der wirtschaftlichen Macht Amerikas darstellen. Paris

Die Ästhetik der Kreuztürme

entwickelt sich nicht auf einem Raster, sondern anhand einer Vergrößerung eines Dorfes und dessen Straßenstruktur, welche zu chaotischen hygienischen Verhältnissen führte, die den Anlass dafür gaben, in ein chaotischen Stadtsystem Ordnung zu bringen. Dies gelang Haussmann, und die städtebaulichen Eingriffe sind noch bis heute ablesbar, vorwiegend durch die Anlage der Straßen.

Nordstetten bei Villingen ist ein kleiner Weiler, der eine Gemeinsamkeit mit den beiden größeren Städten Villingen und Schwenningen hat. In einer Urkunde von 817 werden diese 3 Orte zusammen mit 23 anderen Orten genannt. Insgesamt also 26 Orte sind in dieser Urkunde nachweisbar als sogenannte Mansen, verkürzt gesagt: Hofgüter. Wenn man diese 26 Orte zum Stand 2014 untersucht, sind Aussagen möglich, wie sich diese 26 Orte über 1200 Jahre entwickelt haben. Eine Manse wird definiert durch die unselbstständige Bauernhofstelle, die einem Herrenhof untergeordnet ist. Eine Manse entsprach im späten Mittelalter einer Flächeneinheit von rd. 32 ha. New York wurde angelegt, Paris hat sich entwickelt und ist gewachsen in der Fläche, New York in die Höhe. Der Entwicklungszustand von Nordstetten ist über 1200 Jahre stabil. Die Straßengeometrie solcher Orte wie diese in der Urkunde sind somit bedeutsam, um zu beurteilen, welche Städte eine geistige Setzung besitzen und damit einen kulturellen und baukünstlerischen Anspruch haben, da sie auf die Imagination eines Einzelnen hinführen.

Karlsruhe ist eine Idealstadt der Renaissance. Ihre geometrische Grundlage ist der Kreis. Im Internet ist der Idealplan aus der damaligen Zeit abrufbar. Die heutige Entwicklung ist ebenfalls im Internet darstellbar. Die Änderungen und Erweiterungen in Karlsruhe sind bedeutsam und zeigen auf, wie sich in Schichten die klare geometrische Form in das chaotische System ähnlich Paris auflöst. Im Idealplan von Karlsruhe sind in der viertelkreisförmigen Fortführung des Schlosses Blockbebauungen erkennbar. Leider wurden diese Blocks für das Bundesverfassungsgericht ersetzt durch Bungalow-Bauten, deren Überbauung nicht den ursprünglichen Überlegungen zum Stadtraum entsprachen. Allerdings wurde die Stadtgeometrie des Kreises durch das Bundesverfassungsgericht nicht verändert. Anders beim Bau der Universität: Die radiale Bebauung des Idealplanes wird durch die Bebauung der Universität ignoriert. In der Zeit des Brutalismus herrschte ein Satz der Architekten und Städteplaner vor, der lautete: „Wer nichts weiß, macht einen Kreis." Solche Sätze führten in die Lehrmeinung, und so wird dieser Satz anhand des Beispiels der Universität Karlsruhe aufzeigen, wie verantwortungslos mit einem außerordentlichen baulichen Zeitdokument wie dem Karlsruher Idealplan umgegangen wurde.

Die Freudenstädter Stadtgeometrie ist in ihrem Ansatz noch erkennbar. Aber schon die ersten Schichten, die sich um das Stadtquadrat ergeben, verweisen wieder darauf, wie das Geplante überformt wird durch die Wachstumsgrundsätze. Es wäre jetzt möglich, weitere Städte zu benennen, in denen ähnliche Prozesse stattgefunden haben wie in Paris oder New York. Hierzu zählen Stuttgart, Barcelona, Rio de Janeiro, Hongkong und viele mehr.

Eine der grundlegenden Überlegungen für das Werden oder die Setzung einer Stadt ist die Vorstellung desjenigen, der ein solches Vorhaben in Gang setzt. Beginnt er damit, dass er an einem Flecken Erde ein Haus baut und darauf hofft – wie in Nordstetten, dass sich noch weitere Hofstellen ansiedeln, was nur teilweise gelang, oder ist es einer, der eine klare Vorstellung von einer Stadt – wie z.B. New York, Karlsruhe usw. – hat, um ein gemeinsames und gedeihliches Zusammenleben zu ermöglichen.

Villingen und Schwenningen sind Städte, die jede für sich elementare Entwicklungen in sich bergen und deren Aufarbeitung als Hobby zwar ungenügend, aber doch so weit geeignet ist, um in die Diskussion über Villingen und Schwenningen einzugreifen. Städtebauliche Wachstumsprozesse haben für sich Beweisformen und Möglichkeiten. Dafür haben Planstädte und Idealstädte ebensolche Gesetzmäßigkeiten, wie z.B. Milet, die in der Stadtgeometrie ablesbar sind. Die Grundlage der bedeutendsten Beweisführung ist in meinem Buch „Stadtkulturerbe Villingen" (x1) nicht nur für Villingen dargestellt. Die verschiedenen Strukturen der Planung und des Wachstums in den Städten können sich überlagern, aber man muss das Bauprinzip der Stadt anhand der beiden grundlegenden Prinzipien der Planung und des Wachstums erkennen, um einer Stadt wie Villingen gerecht zu werden.

Schwenningen ist durch einen Hausbau entstanden, der sich tausend Male wiederholte. Die Frage, wer der erste Hausbauer war, ist nicht von Bedeutung, da diese Stadtform häufig vorhanden ist. Welche menschliche Imagination ist für die Villinger Kernstadt verantwortlich? Was man aus der Antike ablesen kann, ist, dass nicht nur ein Baumeister, sondern ein mächtiger Geldgeber vorhanden gewesen sein musste, um eine Stadtanlage von rd. 400 m mal 700 m zu realisieren bzw. zu bauen.

Beim Bau der Akropolis waren zwei Personen von entscheidender Bedeutung: Perikles, der damalige griechische Herrscher von Athen mit einer angeblich außerordentlichen rhetorischen Begabung und sein Baumeister Phidias. Daraus entstand ein baukulturelles Erbe mit großem Anspruch, das bis heute als Denkmal anhält und über die ganze Welt ihre Wirkung erzielt.

Der Baumeister Apollodor aus Damaskus sollte dem römischen Kaiser Hadrian dessen Pläne umsetzen. Da er solches nicht wollte und dies unter seiner Würde war, wurde er zunächst verbannt und später hingerichtet, obwohl

Die Ästhetik der Kreuztürme

er für die vorigen Kaiser bedeutende Gebäude erstellt hatte.

Papst Paul III. und Michelangelo realisierten die Sixtinische Kapelle, die die Proportion des salomonischen Tempels aufnahm. Die Frage, welcher Baumeister mehr von Gott verstand als der Herrscher, bleibt unbeantwortet. Wenn man aber das Werk Michelangelos bestaunt, ist die Frage für den Kunstschaffenden beantwortet.

Den geistigen Prozess für Villingen kann man nur am Werk selber ergründen. Will man Personen finden, die solch eine außergewöhnliche Stadt entwickelten und bauten, kommen nur zwei Namen in Betracht: Bezelin und Otto III., vielleicht einer seiner nächsten Vertrauten. Bezelin ritt für Otto III. nach Rom, setzte den damaligen Gegenpapst rücklings auf einen Esel und schnitt ihm Nase und Ohren ab. Für diese Tat und deren Umstände erhielt Bezelin von Otto III. eine Marktrechtsurkunde für Villingen. Für eine Stadtgründung in der Nähe einer bestehenden Stadt zeigt sich eine große Risikobereitschaft, denn es ist nicht sicher, ob die Bevölkerung dem folgt, der eine neue Stadt gründen will. Das Problem ist, dass die beiden Männer Otto III. und Bezelin rd. 100 Jahre früher lebten, als die ersten Funde den Baubeginn im Gerberviertel – dem früheren Hüfingerviertel – festschreiben. Allerdings basieren diese Datierungen auf dendrochronologischen Untersuchungen, deren Aussagekraft noch fragwürdig erscheinen, insbesondere da sie schon ziemlich alt sind und die Proben nicht immer den Vorgaben der Dendrochronologie entsprachen.

Wenn wir kurz in der Geschichte verweilten, möchte ich noch einen ganz Großen in der Geschichte bemühen, der in seinen vier Evangelien sagen ließ, dass der Prophet im eignen Land nichts gilt. Dies gilt speziell für Villingen auch für mich. Obwohl ich kein Prophet, sondern nur ein Sach- und Fachkundiger bin, schreibe ich trotzdem noch einmal ein Buch über Villingen, und zwar deshalb, dass niemand hinterher sagen kann, er hätte nichts vom schleichenden Tod der Stadt Villingen gewusst, speziell, wenn er die letzten Bilder in diesem Buch betrachtet.

Das Buch ist aufgebaut im Wege einer kurzen grundlegenden Darstellung der Stadtgrundrisse hinsichtlich zweier wesentlicher Stadtgeometrien, dem letzten Beweis der Stadt Villingen zur Planstadt anhand der Turmstellungen, die in erster Linie einen ästhetischen Anspruch bei der Gründung der Stadt gehabt haben müssen. Dies war auch die Intention dieses Buches und eine Art Bilderbuch, aus dem der Leser entnehmen kann, dass nicht nur in den Stadtgrundrissen Gesetze vorherrschen, sondern auch in den Fassadenbildern. Manche halten sie ein, manche nicht.

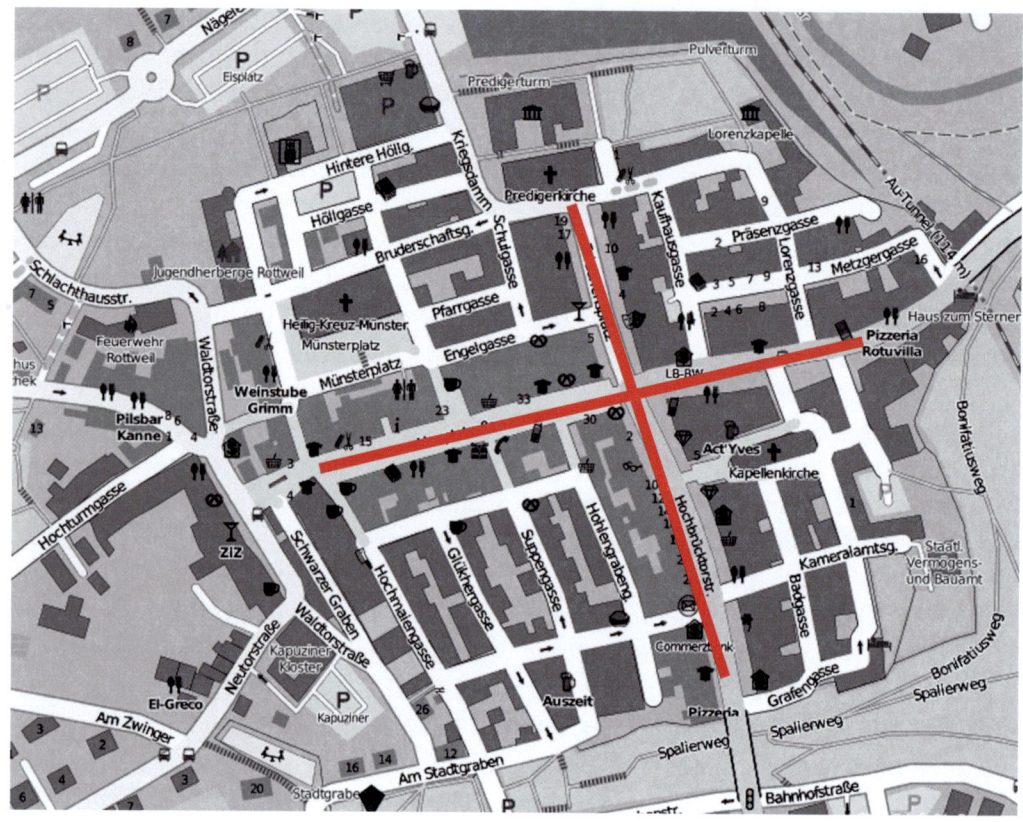

Abb. 1: Rottweil mit Kreuz

DIE KREUZSTÄDTE

Üblicherweise werden Bücher nicht mit der Schlussfolgerung und dem Ergebnis begonnen. Würde ich mit dem Schluss beginnen, wäre jede Hoffnung für die Stadt ausgeräumt, denn die Kraft des Wachstums und der dahinterliegenden Energie ist ungeheuerlich. Sie generiert sich aus dem Moment und der Beherrschung des jeweiligen Augenblicks, um das Ziel mit allen Möglichkeiten und mit aller Kraft zu realisieren. Die Städte Rottweil *(Abb. 1),* Kenzingen *(Abb. 2)* und Villingen *(Abb. 3)* sind die außergewöhnlichsten Planstädte im mitteleuropäischen Raum. Ihre Verbindung fußt auf dem christlichen Kreuz, welches sich bei allen drei Städten als Raum wahrnehmen lässt. Üblicherweise werden Kreuzungen in der heutigen Zeit wahrgenommen als rechtwinklige Gebilde. In der damaligen Zeit herrschten jedoch Wegesysteme vor, die man heutzutage als Bifurkation bzw. Verzweigungssysteme benennt. Damit sind die Wachstumsstädte vorwiegend auf einem Verzweigungssystem aufgebaut. Erst spät in der Stadtbaugeschichte wird die eigentliche und heute bekannte Stadtplanung eingeführt.

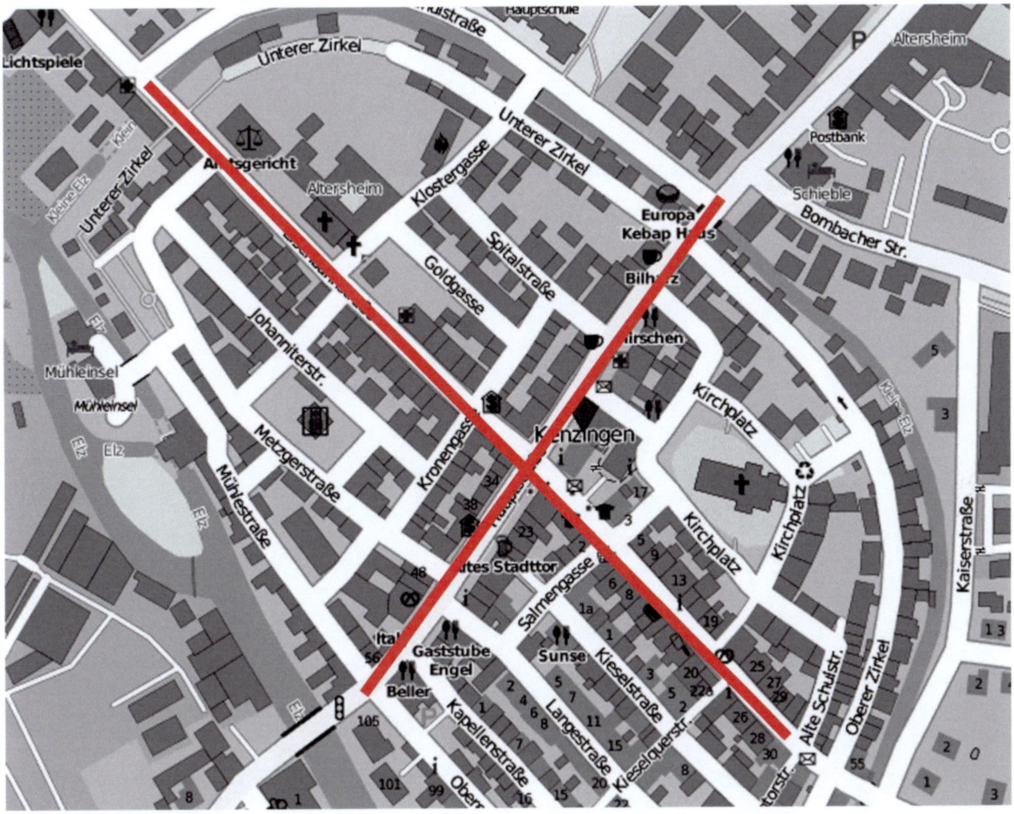

Abb. 2: Kenzingen mit Kreuz

Um das Jahr 1850 wird das badische Fluchtliniensystem eingeführt, Vorläufer der heutigen Stadtplanung, welches ermöglicht, die Stadterweiterungen angeblich besser zu beherrschen. Bis zu dieser Zeit waren die Wachstumsstädte der Wachstumsgeometrie (Verzweigung-Fraktal) untergeordnet. Ein Farn wächst nach einem bestimmten Fraktal über Jahrmillionen immer in der gleichen Weise. Eine Wachstumsstadt wächst über Jahrtausende immer in der gleichen Weise. Vorwiegend als Fraktal bzw. als Verzweigungssystem. Die beweisenden Elemente zur Planstadt Villingen wurden bereits in x1 dargestellt. Gleiches gilt für die Städte Kenzingen und Rottweil, denen man mit Villingen einen Weltkulturerbeanspruch zubilligen muss, der auch beantragt werden sollte.

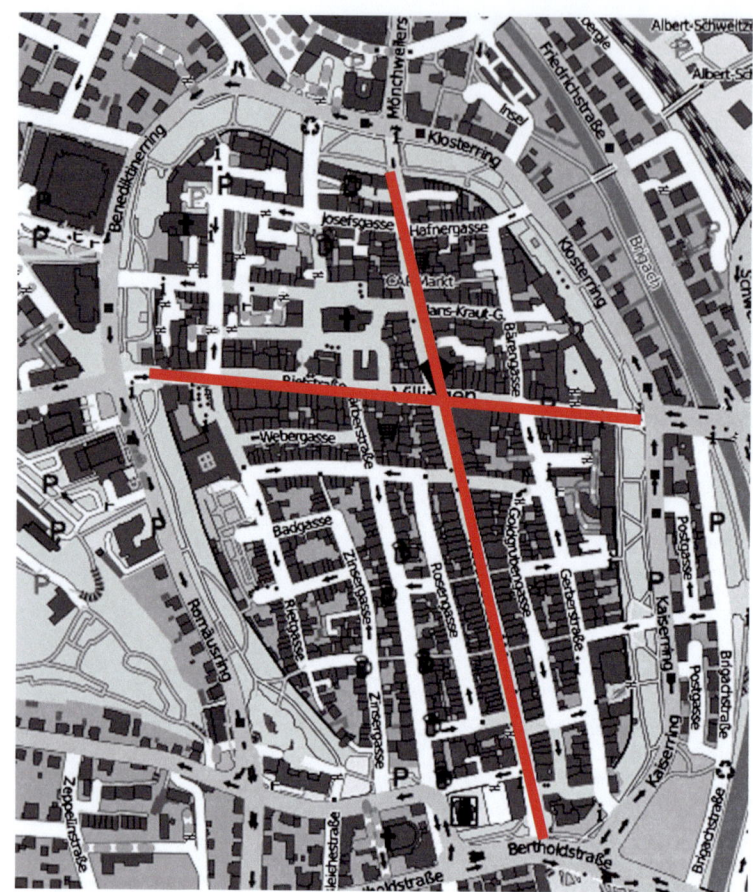

Abb. 3: Villingen mit Kreuz als übergeord- netem Zeichen

DIE ÄLTESTEN DARSTELLUNGEN

Die Abbildungen *(Abb. 4+5)* zeigen Villingen und Schwenningen in ihren ältesten Darstellungen, aber auch in ihren eindrucksvollsten: verschiedene Stadt- bzw. Dorf- gestalten in ihrer zugrunde liegen- den Geometrie. Bei der Schwen- ninger Darstel- lung ist das Ver- zweigungssystem eindeutig erkenn-

bar. Es herrscht kein rechter Winkel, also ein orthogonales System vor. Die äußere Form ist amorph, also es sind ausgeprägte Ein- und Ausbuchtungen vorhanden. Die Bebauung ist als Ein- zelhausbebauung mit Lücke erkennbar.

Die Form Villingens wird von Gumpp aus dem Jahre 1692 so dargestellt, wie wir sie heute noch sehen können. Ein elementarer Beweis für die Planung der Stadt ist damit die Formstabilität, die orthogonale Struktur im südlichen Bereich und die Schiefwinkligkeit im nördlichen Bereich der Stadt. Die Dif-

Die Ästhetik der Kreuztürme

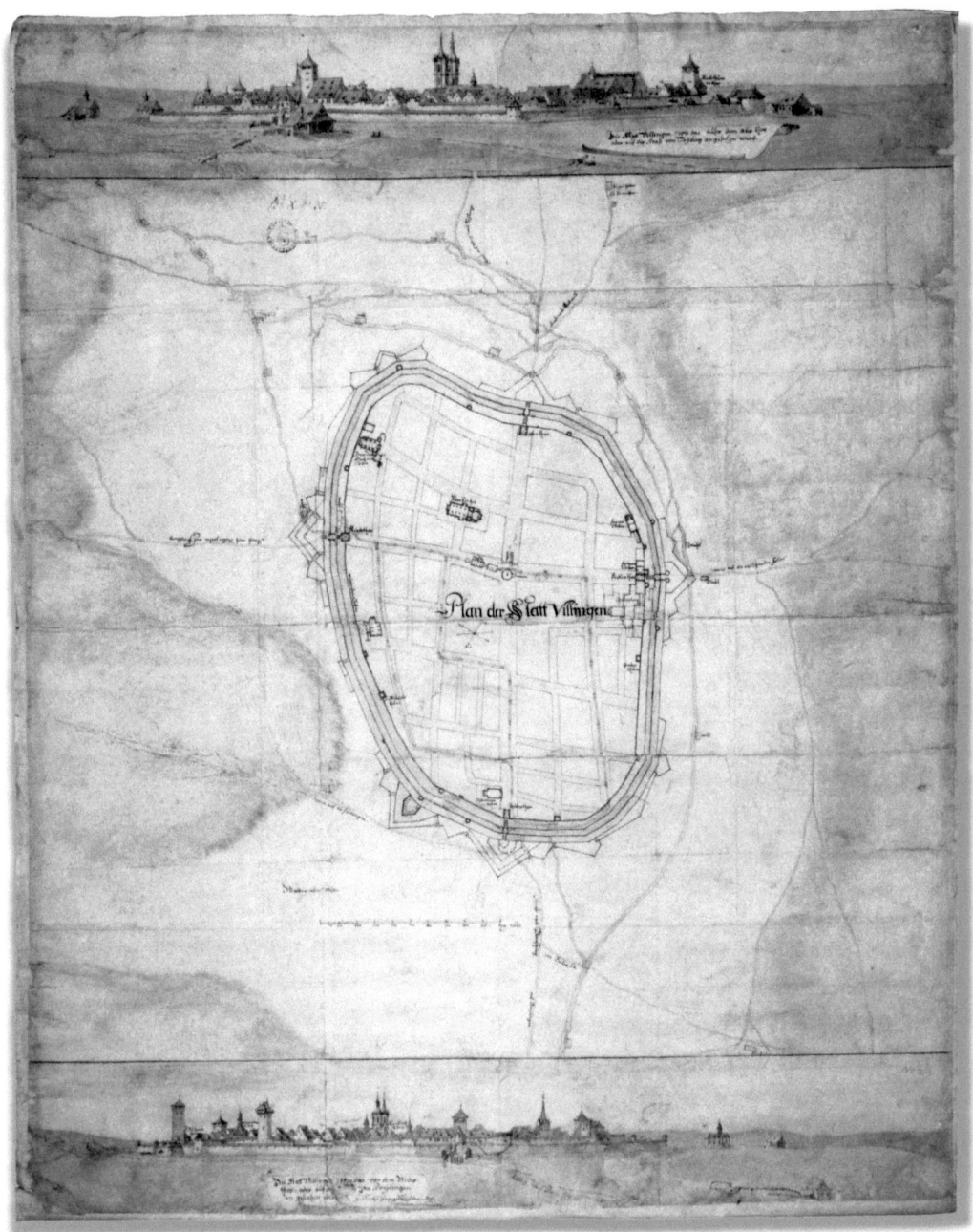

Abb. 4: Villingen (Gumpp 1692, angelegt als Planstadt)

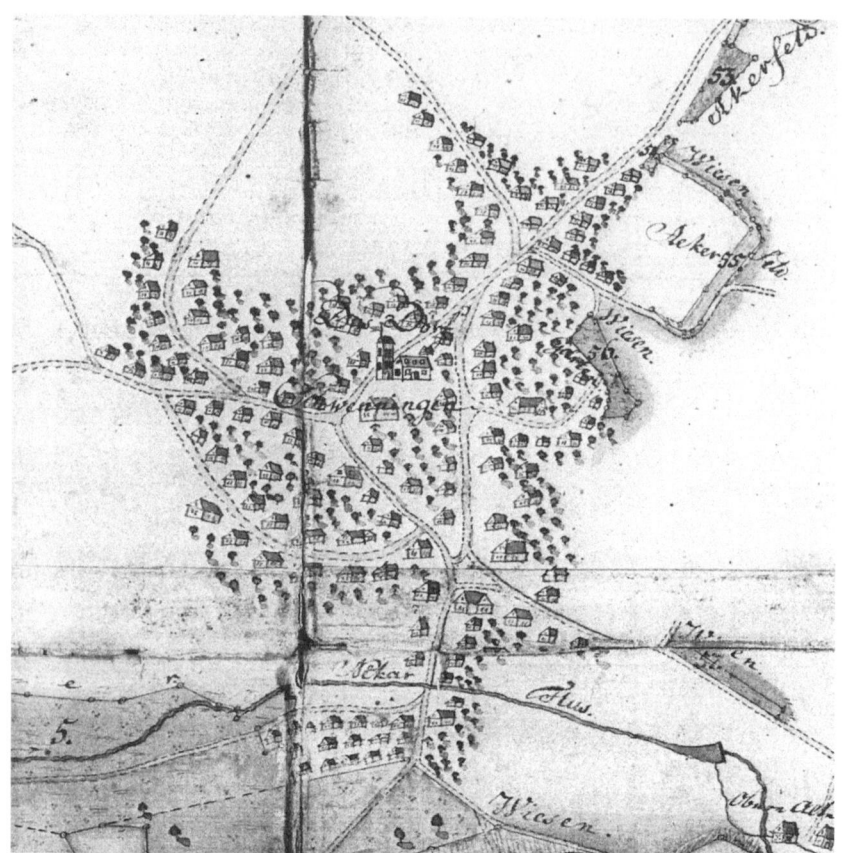

Abb. 5: Schwenningen (17. Jahrhundert angelegt als Fraktalentwicklung)

ferenz der fraktalen Ausbildung der gewachsenen Stadt und die Setzung der geometrischen Form der geplanten Stadt, wie er in Villingen vorherrscht, ist der stärkste Beweis, dass Villingen geplant sein muss.

ENTWICKLUNGSDIFFERENZ

In einer Karte aus dem Jahre 1880 ist Villingen *(Abb. 6)* in seiner Formstabilität zu erkennen, obwohl auch in dieser Stadt die industrielle Entwicklung wahrnehmbar ist – speziell im südlichen Bereich, wo die innere Mauer ebenso abgerissen wurde, wie zuvor schon die äußere Mauer auf Geheiß des Glockengießers Grüninger. Gleiches gilt für das Niedere Tor, eines der vier Tortürme. Vergleicht man dagegen die Städte, z.B. Karlsruhe oder Freudenstadt, so ist zu erkennen, dass die Anschlussbebauung an die Grenze der Plangeometrie heranführt. Villingen zeichnet sich durch ein klares Erkennen des Ovals im Stadtgrundriss aus. Das Heranführen der Erweiterungsbebauung – wie bei anderen Städten – geschieht nicht. Bei Schwenningen *(Abb. 7)* ist eindeutig ablesbar,

Die Ästhetik der Kreuztürme

Abb. 6: Villingen um 1880 (Kernstadt = Planstadt)

Abb. 7: Schwenningen um 1880 (Beginn des Wachstum)

dass das Wachstum eingesetzt hat. Die Bebauung wirkt homogen ohne Brüche. Die Stadt wächst in der zugrunde liegenden eigenständigen Geometrie. Das Dorf Schwenningen wird zur Stadt. Die äußere Form ist amorph. Die Verzweigungen der Straßen sind klar als Wachstumsgeometrie zu erkennen.

GLEICHE GRÖSSE 2010

Die Städte Villingen und Schwenningen haben sich über einen Zeitraum von 1200 Jahren zur vorliegenden Größe entwickelt. Bei intensiver Beobachtung kann man Strukturen erkennen, die in Villingen außerhalb der Kernstadt mit Schwenningen identisch sind. Erkennbar sind diese Raumformen an den Straßenführungen. Bis 1880 war keine Stadtplanung in der heutigen Form beim Bauen vorhanden. Erst durch die Bauleitplanung wurde vorgegeben, entsprechende Baugebiete zu bauen bzw. zu planen. Die Entwicklung der gewachsenen Stadt bis rd. 1850 war dadurch geprägt, dass sich die Häuser Zug um Zug zueinander stellten. Durch die Bauleitplanung entwickelten sich die Städte – auch Villingen und Schwenningen – nunmehr nicht mehr Haus um Haus, sondern Baugebiet um Baugebiet. Dies gilt auch für Villingen.

War zunächst die Ringbebauung geprägt durch die Einzelhausbebauung, ist die eigentliche Südstadt (Bleichestraße – Warenburgstraße – Schwedendammstraße) als Baugebiet erkennbar. Was jedoch beeindruckend ist, ist die Tatsache, dass die Städte gleichgültig, ob sie sich Haus um Haus entwickeln oder aber Baugebiet um Baugebiet, eine chaotische-fraktale Form annehmen. Die Vergegenwärtigung dieser Stadtform bringt uns zur Einsicht, dass, wenn man den Kern Villingens wie einen Apfelkern betrachtet, eindeutig ist, dass Villingen geplant sein muss. Die hauptsächlichen und nachhaltigsten Beweise habe ich in x1 dargelegt. Dieses Buch wird den letzten Beweis darstellen, dass Villingen geplant ist, nämlich durch die Stellung der Türme.

Die Bilder *(Abb. 8+9),* also die Stadtentwicklungen von Villingen und Schwenningen bis in das Jahr 2010, sind Beispiel, wie sich die Städte beide in der Wachstumsgeometrie überwiegend darstellen.

Die einzige sich abhebende und klar ersichtliche geometrische Form ist die Kernstadt von Villingen, so wie sie schon Gumpp um das Jahr 1692 erfasste. Alles andere unterliegt der Geometrie des Wachstumsprozesses.

Die Frage, ob sich Stadtplanung damit überholt, wäre ein Diskussionsbeitrag für die Politik, wo immer sie tätig ist.

Die Ästhetik der Kreuztürme

Abb. 8: Villingen um 2010,
Wachstumsgesetz mit Kern

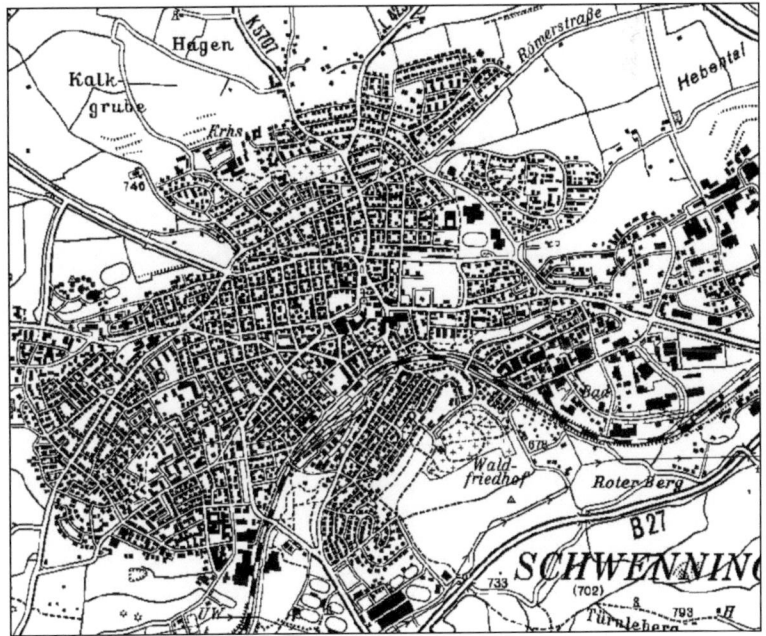

Abb. 9: Schwen-
ningen um 2010,
Wachstumsgesetz

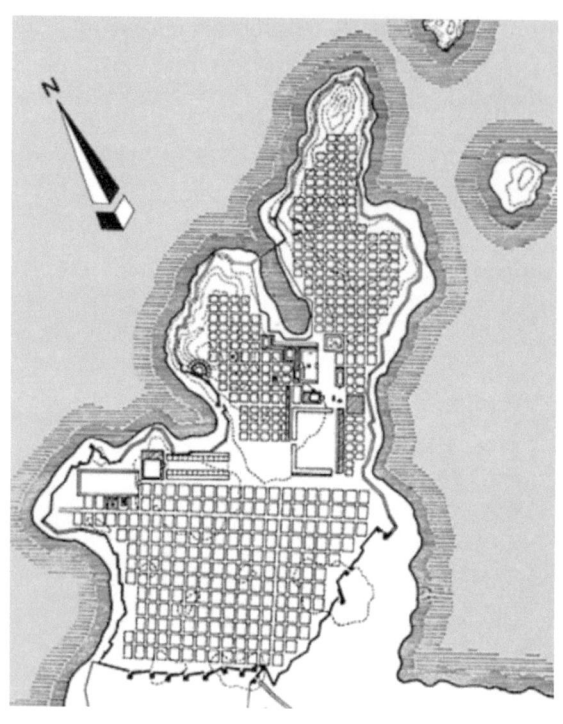

Abb. 10: Milet (Beispiel zahlreicher Rasterstädte)

MILET

Wer am Ort verhaftet ist, kennt meist nur seine Stadt. Dabei ist wie bei allem die Tiefe bedeutsam, mit was man sich auseinandersetzt. Zunächst ist es der Eindruck, der sich in eine fachliche und sachliche Erhebung ergänzt, die dann analytisch über das Übliche hinausgeht. Die Entwicklungsprozesse von geplanten und gewachsenen Stadtstrukturen sind über Tausende von Jahren die gleichen. Die baulichen Überlagerungen können schwer zu analysieren sein, jedoch ist mit einem geübten Blick das Erkennen, was

nun zu was gehört, möglich. Der Plan von Milet *(Abb. 10)* zeigt zwei Formen: eine geplante und eine gewachsene. Die innere Struktur ist durch ein orthogonales Raster geprägt, welches durch die amerikanischen Städtebauer bei der Besiedelung von Amerika verwendet wurde. Die amorphe äußere Form ist eindeutig einer gewachsenen Struktur zuzuordnen. Diese Form muss eine Hügellandschaft sein, in die man die Stadt implementierte. So gibt es Symbiosen zwischen geplanten und gewachsenen Strukturen auch bei solch bedeutenden Städten wie Milet, die städtebauliche Geschichte dadurch schrieben, dass sie unzählige Male nicht nur in Amerika kopiert wurden.

Die Ästhetik der Kreuztürme

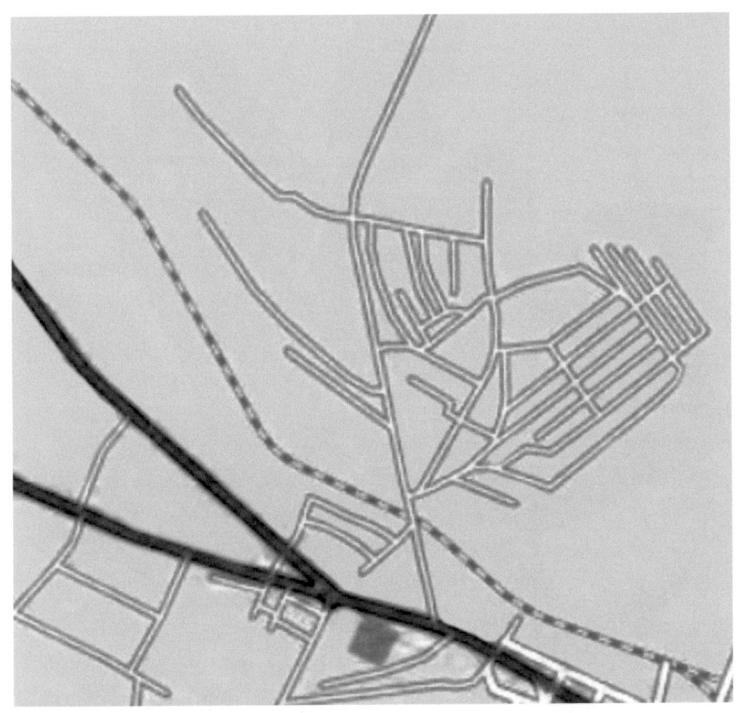

Abb. 11: Favelas, bei Malaye in Afrika

FAVELAS

Wenn wir Schwenningen mit einem Favela *(Abb. 11)* vergleichen und Villingen mit Milet, dann sind wir an der Stelle, was dieses Buch aussagen will, obwohl Villingen nur euklidische Geometrien aufweist. Milet sieht vollkommen anders aus als Villingen. Milet ist ein Zwitter zwischen der gewachsenen Struktur der amorphen äußeren Form und der inneren orthogonalen geplanten Struktur. Aber gerade Milet zeigt im Kern die euklidische Geometrie und ist damit eine der ältesten geplanten Städte im europäischen Raum. Favelas dagegen sind gewachsene Strukturen. Eines der ältesten und größten Favelas war Paris, bis Haussmann die heutigen noch sichtbaren Straßenordnungssysteme und Räume in dieses gewachsene Chaos hat einschneiden lassen. Die Abbildung von Schwenningen zeigt ein Favela bzw. deren Struktur um das 17. Jahrhundert. Dieses geometrische Unterscheidungsmerkmal ist bei genauer Betrachtung der Beweis zwischen einer geplanten und einer gewachsenen Stadt. Die Prämisse für beide Stadtgestalten liegt in der Imagination desjenigen, der entweder eine **STADT** bauen will und dann auch eine Stadt baut, oder demjenigen, der ein Haus baut und darauf wartet, dass

Abb. 12: Nordstetten (eines von 26 Orten aus einer Urkunde von 817, Wachstumsgeometrie nicht entwickelt)

andere ebenfalls zu seinem Haus eigene Häuser stellen.

Dieser Vorgang leitet sich ab aus der Urkunde von 817, in der 26 Orte genannt wurden. Vergleichen wir Nordstetten *(Abb. 12)* und Villingen oder Schwenningen, so ist klar ersichtlich, dass auch – aus welchen Gründen auch immer – die Kernstadt von Villingen immer so war und Nordstetten ebenso.

Nordstetten ist ein bestehendes geometrisches Favela aus dem Jahr 817 und noch weiter zurückliegend. Es hat sich gegenüber der Gesamtstadt von Villingen und Schwenningen bis auf die Ausprägung der Gebäude nicht weiter entscheidend entwickelt. Die Straßenführung kann keiner euklidischen Form zugeordnet werden und ist damit gewachsen.

EUKLIDISCHE UND FRAKTALE GEOMETRIE

Euklid lebte vor rd. 2500 Jahren. Sein Buch der Elemente ist das neben der Bibel meist verkaufte Buch der Geschichte. Die Sätze des Euklid sind eigentlich nur wenigen bekannt. Dagegen ist der Satz des Pythagoras jedem geläufig. Die griechischen Bauten, wie die Akropolis etc., wären ohne die Elemente nicht denkbar. Ebenso die Bauhüttenbücher, die letztendlich zu den Kathedralen des Mittelalters führten. Das geometrische

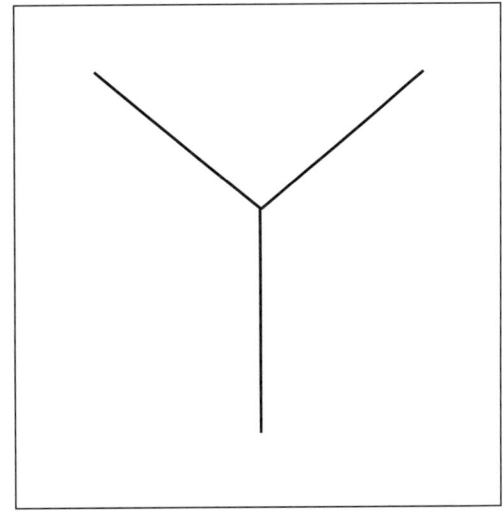

Abb. 13: Euklidische Geometrie, in allen Bauwerken enthalten, allerdings nur in wenigen Städten

Abb. 14: Fraktale Geometrie (Bifurkationen, Newton Fraktal, in fast keinen Bauwerken enthalten, dafür in den meisten Städten)

Wissen war und ist geprägt durch Euklid. Eine geometrische Form ist immer auch ein „Zeichen". Große Firmen arbeiten damit, wie die Deutsche Bank oder die Deutsche Post. Das Villinger Oval wird den meisten nur bewusst, wenn sie einmal um die Anlagen gehen. Sehen sie ihre Stadt auf einer Karte, so nehmen sie unbewusst ein OVAL war, dem sie ihre Stadt zuordnen. Neben dem Kreuz, welches auch nur auf einer Karte oder auf dem Knochen sichtbar ist, sind in der Stadt noch weitere geometrische Formen erkennbar, wie z.B. ein Quadrat *(Abb. 13).* Euklid hat verschiedene geometrische Formen definiert, wie Punkt, Linie, Fläche Kubus und manches mehr.

Was jedoch bedeutsam für eine Stadt ist, sind das Vorhandensein von solchen geometrischen Formen, weil sie in der Natur nur in der kristallinen Form oder in der kosmischen Form (Sonne – Kugel – Kreis) vorkommen. Die euklidischen Formen, wie Kreis, Quadrat etc., sind in der Regel von Menschen „bewusst" gemacht. Überall dort, wo man solche euklidischen Formen findet, waren in der Regel Menschen bewusst am Werk. Dies bedeutet, dass seit rund 2500 Jahren Menschen auch euklidische Formen fertigten.

In den Anfängen der 60er Jahre des letzten Jahrhunderts hat ein Meteorologe in seinem Computer bzw. in seinen

Ausdrucken Merkwürdigkeiten entdeckt. Es war der Beginn der fraktalen Geometrie, die durch den Mathematiker Benoit Mandelbrot später dann definiert wurde. Das Ypsilon kann durch ein sogenanntes Newton-Fraktal *(Abb. 14)* nicht als Buchstabe, sondern als geometrische Form dargestellt werden. Ähnliche Verzweigungsmuster findet man bei sogenannten Bifurkationsdiagrammen, die ähnlichen Ursprung haben. Grundlage eines Fraktals ist die sogenannte gebrochene Dimension und die Selbstähnlichkeit, die sich bei der Wiederholung des Prozesses ergibt.

Wenn man die beiden Stadtgründer nochmals betrachtet: Der eine gründet eine Stadt und baut diese Stadt, dann müssen in dieser Stadt euklidische Elemente vorkommen bzw. sichtbar sein. Der andere Stadtgründer baut ein Haus und wartet darauf, dass andere Hausbauer sich zu ihm gesellen und dass – so wie beim Fraktal die Prozesswiederholung und die Selbstähnlichkeit stattfindet – immer wieder gebaut wird, was sich dann im Stadtgrundriss niederschlägt. Der Plan aus dem 17. Jahrhundert für Schwenningen weist diese Bifurkationen und diese Newtonfraktale aus. Die Pläne um das Jahr 1880 und der Plan um das Jahr 2010 beinhalten eindeutig, dass Schwenningen sich anhand eines fraktalen Prozesses entwickelt hat. Fraktale Formen fehlen beim Kern von Villingen ganz. Damit ist offensichtlich, dass Villingen geplant und Schwenningen gewachsen ist.

Das Merkwürdigste und Eigentümlichste ist die Tatsache, dass Menschen über einen Prozess von 1200 Jahren zwar punktuell bewusst und in der Annahme euklidisch, im weiteren Sinne aber unbewusst fraktal bauen. Dies ist neben den Beweisführungen zur Planstadt Villingen eine bedeutende Erkenntnis, denn sie stellt letztendlich das heutige stadtplanerische Vorgehen infrage und könnte das Bauen einem möglichen fraktalen Prozess, der sich immer wieder selbst findet, überlassen.

VILLINGEN KERNSTADT (GESAMTSTADT)

Diese Stadt *(Abb. 15)* kann in wenige **HAUPT-ELEMENTE** zerlegt werden, um zu prüfen, was kann eher einer gewachsenen oder einer geplanten Struktur zugeordnet werden, also, was ist euklidisch in der Stadtgeometrie und was ist fraktal.

Wir finden:

- das schiefwinklige Straßenkreuz
- das Oval
- die innere schiefwinklige Straßenstruktur (im Norden)
- die innere orthogonale Straßenstruktur (im Süden)
- die Münster-Stellung zum orthogonalen System
- 3 Türme am Ende der Hauptstraßen
- Fassadenbilder nach einem bestimmten Baugesetz
- Fassadenbilder nach freier Wahl
- Die Unterbrechung des Ovals zwischen Gerberstraße und Zinsergasse

Das schiefwinklige Straßensystem

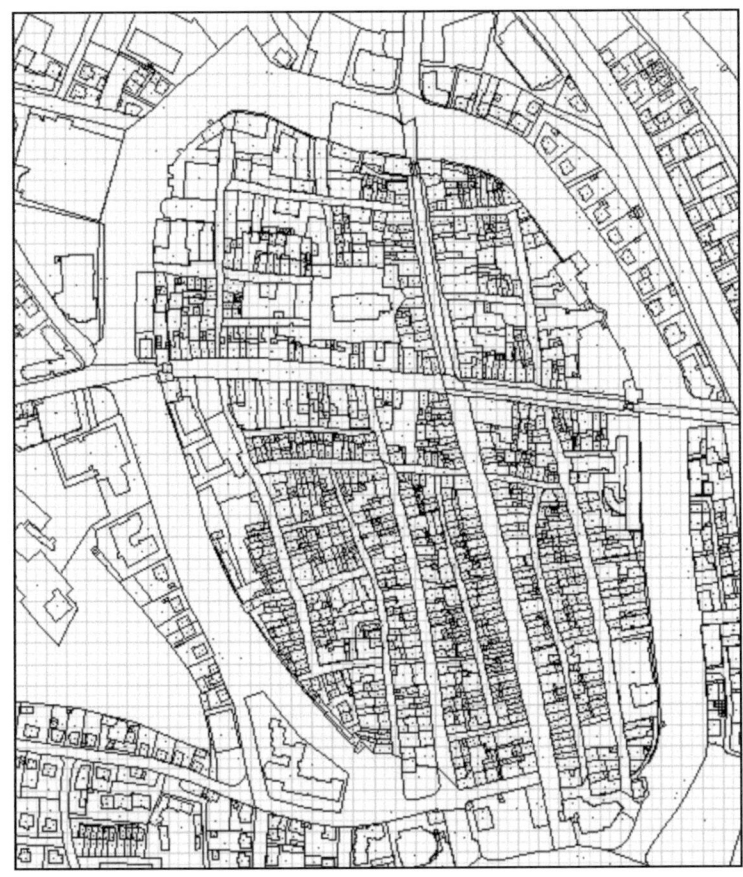

Abb. 15: Villingen Kernstadt (Gesamtstadt 2010)

basiert auf einer Änderung der orthogonalen südlichen Struktur. Wäre ein Wachstumsprozess und dessen Geometrie nach dem Abbruch der orthogonalen Bebauung im Bauprozess, müsste er in der Stadtgeometrie als Fraktal erkennbar sein. Dies ist aber nicht der Fall. Dies bedeutet, dass die Stadt aufgrund einer Änderung des Orthogonalen schiefwinklig weiter gebaut wurde unter Belassung der baulichen Intention des Kreuzes, was sonst aufgelöst wäre.

Das Oval weist die Formstabilität in ausgezeichneter Weise nach. Dieses Oval ist gegenüber der amorphen äußeren Form der gewachsenen Stadt ebenmäßig, insbesondere, wenn man die Formanalyse der äußeren Linienform anhand der beiden Geometrien vornimmt. Städte wie Karlsruhe, Mannheim, Freudenstadt, Freiburg, Kenzingen etc. führen ihre Anschlussbebauungen bis direkt an den Stadtrand heran. Dass dies in Villingen nicht geschah, weist auf ein

bauliches Bewusstsein in der Vergangenheit der Bevölkerung und der Entscheidungsträger hin, das bewirkt, dass die Stadt in ihrer äußeren baulichen Qualität nicht eingeschränkt wird.

Die schiefwinklige und rechtwinklige Straßenordnung ist ableitbar aus dem Straßenkreuz. Des Weiteren ist zu beachten, dass die Straßen und Gassen ein Hierarchiesystem bilden, welches in der Straßenbreite und in den Gebäudehöhen ableitbar ist.

Die Münster-Stellung verweist auf das südliche System, und man kann daraus ableiten, dass das Münster zuerst mit dem südlichen System entstanden ist. Sonst müsste, was üblich wäre, das Münster in direkter Richtung mit der Rietstraße geostet sein, denn diese verläuft in Ost-West-Richtung, und zwar genau.

Die Türme am Ende der Hauptstraßen haben einen ästhetischen Charakter und sind der Schönheit geschuldet.

Die Fassadenbilder werden am Ende des Buches beschrieben. Sie verweisen auf zwei grundlegende bauliche Gesetze: Eines, was über einen langen Zeitraum vorherrscht, ein anderes, welches seit rund 50 Jahren Raum einnimmt.

Der Abbruch der beiden Mauern zwischen der Gerberstraße und der Zinsergasse schaffte Freiraum für sogenannte Be-bauungen der Stadterweiterung. Amtsgericht mit Gefängnis, Gesundheitsamt, Commerzbank, Romäus-Gymnasium, Gerberstraße 63, Bebauung zwischen Gerbertraße und Goldgrubengasse, der Baublock Kapuzinergasse – Romäusring – Niederen Straße – Färberstrasse sind bauliche Versuche, um die Stadt einerseits wieder zu schließen und andererseits nach Süden zu erweitern. Welche Folgen es hat, wenn man ein geschlossenes System aufbricht und vermeintlich etwas Besseres kreieren will, zeigt die sogenannte südliche Erweiterung der Stadt Villingen in negativer, beeindruckender Weise: Während die Stadträume bei den weiteren Türmen fixiert sind, hat der Abbruch des südlichen Bereichs weitreichende Folgen bis heute. Um 1800 begann der Abbruch der äußeren und inneren Mauer, 1848 wurde das Niedere Tor mit fadenscheinigen Argumenten, die Heuwagen würden nicht mehr durch das Tor passen, niedergelegt. Einer der letzten Abbrüche war der Obere-Tor-Erker. Abbrüche führen normalerweis zu Wiederaufbauten. Dieser Prozess wurde aber nicht kontinuierlich, sondern temporär versetzt durchgeführt. Dieser Prozess ist ebenso gewachsen wie in der gewachsenen Stadt und unterlag – was nötig gewesen wäre – keiner grundlegenden Vorstellung, obwohl zahlreiche Planer bemüht wurden. Der Ansatz der Platzimplementierung wurde leider durch die Bebauung der Blue-Boxx wieder hinfällig gemacht. So werden Planansätze schon im Ansatz in Villingen ad

Die Ästhetik der Kreuztürme

Abb. 16: Villingen, schiefer Block

Abb. 17: Villingen, gerader Block (orthogonal)

absurdum geführt, wenn man ein wenig die Stadt kennt. Gleiches ist gegenüber dem Zwickelgebäude an der Commerzbank zu sagen, welches nur eine Berechtigung gehabt hätte, wenn man das Niedere Tor wieder aufgebaut hätte.

Mit diesen wenigen Elementen kann man, siehe auch Schrift x1, in der Differenz zur fraktalen und gewachsenen Struktur diese oben genannten Elemente eindeutig der Planung zuordnen.

VILLINGEN SCHIEFER BLOCK

Der Stadtgrundrissausschnitt zeigt den Block *(Abb. 16)* Niedere, Riet-, Färber- und Brunnenstraße. Er ist eindeutig als schiefwinkliges – also als euklidisches – System zu erkennen. Die Gebäude stehen in der Regel rechtwinklig zu den Straßen, wie Niedere Straße und Rietstraße. An der Ecke Rietstraße/Niedere Straße nimmt das Gebäude die zwei Richtungen der Straße in sich auf. Das Müller-Areal fasst mehrere Grundstücke zusammen und bildet damit im Block die größte Einheit, die ebenso fremd wirkt

wie der K&L-Block im gegenüberliegenden Block. Solche Zusammenführungen von Grundstücken widersprechen dem Villinger Baugesetz auch im äußeren Erscheinungsbild, wenn wie beim Müller-Areal die Fassaden aufgemalt sind, also eine Walt-Disney-Architektur darstellen und nicht mehr eine realistische Villinger Baufassade.

VILLINGEN GERADER BLOCK

Der Stadtgrundausschnitt zeigt den Block *(Abb. 17)* zwischen der Paradies-, Schaffneigasse und Niederen Straße, Gerberstraße. Die Gebäude sind ausnahmslos in rechtwinkliger Stellung zu den Straßen gebaut. Der orthogonale Block zeigt ein ausnahmslos euklidisches Muster. Die Blöcke im südlichen Bereich der Stadt sind euklidisch und wei-

Abb. 19: Villingen, Kreuzung (Niedere- u. Rietstr.) schief, einseitige Verzahnung

Abb. 18: Villingen, Kreuzung (Färber- u. Brunnenstr.), schief; beidseitige Verzahnung

sen auf den Beginn der Stadt hin, denn die zugrunde liegende Planung mit der anschließenden Bebauung werden nur durch die Entwicklung von der höheren zur niederen Ordnung realisiert. Ein Quadrat hat eine höhere Ordnung (ein Winkel) als ein Parallelogramm (zwei Winkel). Die Entwicklung der Stadt kann deshalb nur von Süden nach Norden erfolgt sein, wobei einige Bestandteile, wie die Hafner- und Kronengasse und das Münster, die Ordnung aus dem südlichen Bereich aufgenommen haben.

KREUZUNG FÄRBERSTRASSE – BRUNNENSTRASSE

Diese Kreuzung *(Abb. 18)* ist einer der stärksten Beweise, dass die Stadt geplant war als orthogonales System. Welcher Grund es war, dass die Stadt von einer orthogonalen Struktur in eine schiefwinklige Struktur überführt wurde, wird zum Schluss des Buches in zwei Möglichkeiten dargestellt. Diese Kreuzung ist orthogonal gedacht und wird schiefwinklig transformiert. Wenn es eine gewachsene fraktale Erweiterung gegeben hätte, müsste dies an dieser Kreuzung sichtbar sein. Somit ist diese Kreuzung zentral für den Beginn und die Ausführung der Planstadt Villingen. Diese Kreuzungsform gibt es in der fraktalen Stadtgeometrie nicht. Sie ist nur abzuleiten aus einer veränderten orthogonalen, also rechtwinkligen Geometrieform.

NIEDERE UND OBERE STRASSE

Der Versatz *(Abb. 19)* ist wie an der vorhergehenden Kreuzung auch an der östlichen Flucht der beiden Straßen zu

Die Ästhetik der Kreuztürme

Abb. 20: Kreuzung (orthogonal), Gerberstraße und Paradiesgasse; gerade, ca. 2010

Abb. 21: Münstertürme (Romanik-Gotik)

sehen. Auf der westlichen Seite ist die Flucht nachweisbar, welche wieder auf die Planstadt hinweist. Die Versätze führen zurück auf den Übergang von orthogonalem zum schiefwinkligen System.

PARADIESGASSE – GERBERSTRASSE

Diese Kreuzung *(Abb. 20)* steht stellvertretend für alle Kreuzungen, die sich an den Straßen Färberstraße, Rosengasse, Niedere Straße, Goldgrubengasse und Gerberstraße bis zum Straßenraum Brunnenstraße – Schlösslegasse ergeben. Die Kreuzungen sind orthogonal in der Straße und in den Gebäuden ausgebildet.

MÜNSTERTÜRME ROMANIK – GOTIK

Das baukünstlerische Schaffen unterliegt Prozessen, von denen wir glauben, wir könnten sie steuern. Das eine ist im Städtebau die fraktale Ausbildung der gewachsenen Stadt. Der andere Prozess ist wie geschildert die Planstadt, die auf der euklidischen Geometrie gründet. Seit die Menschen sich Dörfer, Städte etc. gebaut haben, wurde fraktal gebaut, obwohl diese Geometrie erst in den 1960er Jahren entdeckt wurde.

Das Villinger Münster *(Abb. 21)* weist in einem Gebäude auf eine ähnliche Merkwürdigkeit wie auf die beiden Stadtgeometrien hin.

Jeder Schüler kennt den Unterschied zwischen Romanik und Gotik. Warum aber die Baukünstler in temporären

Abb. 22: Münstertürme,
Gumppscher Plan 1692

Abb. 23: Münsterstellung, Grundriss

Wechselprozessen die Wände massiv oder aufgelöst in den Gebäuden außen und innen ausführen, bleibt ein Rätsel.

Diese Prozesse halten bis heute an. Waren diese früher als allgemeingültige Stile gefasst, ist es heute der individuelle Stil, der den Raum als vorherrschendes Merkmal voraussetzt, und beim anderen die Materie.

MÜNSTER-TÜRME – GUMPPSCHER PLAN

Der Plan von Gumpp, ein Geometer und Festungsbaumeister damaliger Zeit, dient als Referenzgröße für die Stadt, selbst aber auch für die darin aufgenommenen Gebäude. Das Münster *(Abb. 22)* ist klar ersichtlich einschließlich der räumlichen Wandauflösung in der Gotik.

MÜNSTER-STELLUNG

Auf die Stellung des Münsters *(Abb. 23)* wurde schon hingewiesen. Es ist klar nachweisbar, dass das Münster zur südlichen Stadtstruktur Verbindung hat, da die Flucht nahezu rechtwinklig zur Oberen Straße ausgewiesen ist. Das Münster muss mit der südlichen Geometrie entstanden sein. Auch die Kronengasse und

Abb. 24: Johanneskirche

die Hafnergasse weisen auf diese Tatsache hin. Dies bedeutet, dass die Stadt anhand eines orthogonalen und eines schiefwinkligen Systems entstanden sein muss.

JOHANNESKIRCHE

Der Johannes-Kirchenturm *(Abb. 24)* steht mit seiner Ansicht aus der Gerberstraße als eigenständiges bauliches Objekt, welches wie bei fast allen Kirchen als religiöses Zeichen für die Gläubigen dient.

PULVERTÜRME

Die Pulvertürme befinden sich auf der südlichen Seite der Stadt. Einer in der Nähe der Zinsergasse, der eine sinnvolle Nutzung erhielt, und einer am südlichen Kaiserring.

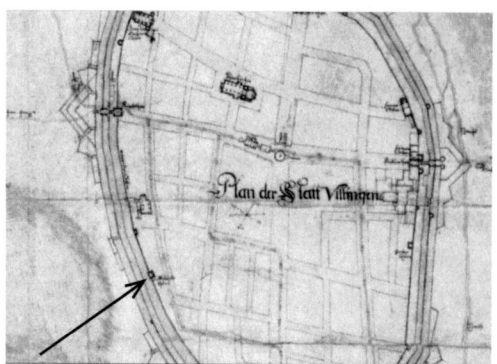

Abb. 25: Elisabethenturm,
Gumppscher Plan 1692

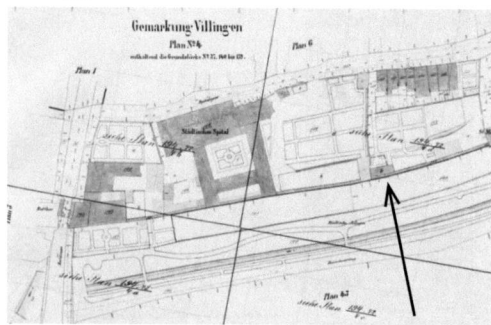

Abb. 26: Elisabethenturm,
Grundkarte ca. 1894

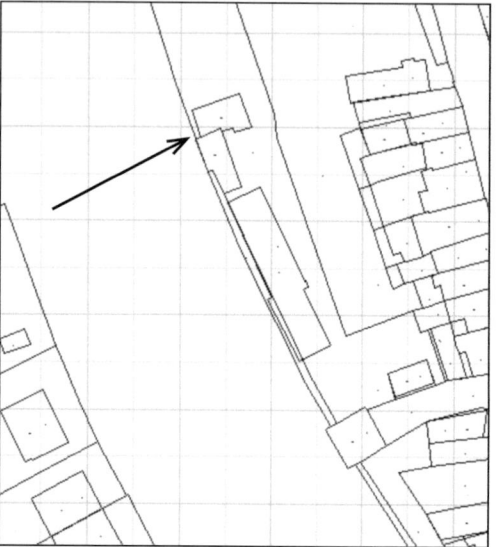

Abb. 27: Elisabethenturm,
Grundkarte ca. 2010

ELISABETHEN-TURM

Der Elisabethen-Turm *(Abb. 25, 26, 27)* ist der kleinste Turm neben den Pulvertürmen in Villingen. Er „sitzt" auf der Stadtmauer und ist das Pendant zu den anschließenden Straßenraumabschlüssen, den Straßentürmen.

KAISERTURM

Auch wie an anderen Türmen wird der Kaiserturm *(Abb. 28, 29, 30, 31)* in drei zeitlichen Sequenzen dargestellt. Gumppscher Plan, Grundkarte von 1884 und das Jahr 2010.

Man sieht, dass sich an den Einbindungen zum Turm keine baulichen Veränderungen ergeben haben. Der Turm steht „bündig" mit der Mauer. Aus dieser Darstellung und dieser baulichen Stellung ist eindeutig sichtbar, dass der Turm ebenso wie die Mauer zur Abwehr diente. Durch die Höhe ist klar, dass eine gewisse Fernsicht das „Erspähen" des Feindes möglich macht bzw. machte. Die Stellung ist so offensichtlich, dass der Turm nicht für die innere Wirkung gebaut wurde, was die Abweichung zum Schaffneigassenraum aufzeigt. Der Kaiserturm dient zur Abwehr und zur Sichtung.

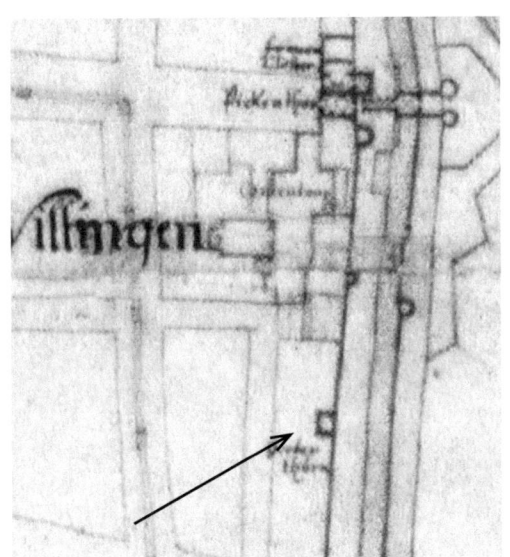

Abb. 28: Kaiserturm,
Gumppscher Plan 1692

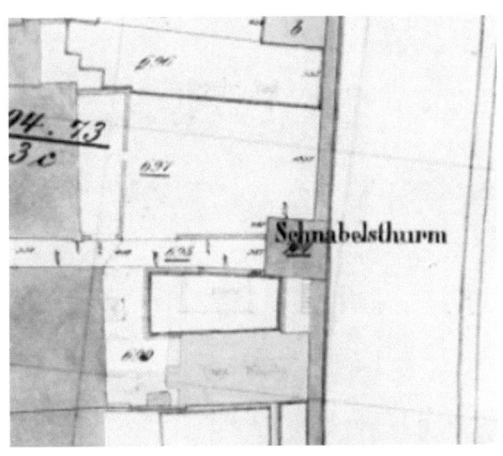

Abb. 29: Kaiserturm, damals
Schnabelsthurm, Grundkarte 1894

Abb. 30: Kaiserturm, Grundkarte 2010
(leicht verdreht zur Schaffneigasse)

Abb. 31: Kaiserturm (Innenansicht)

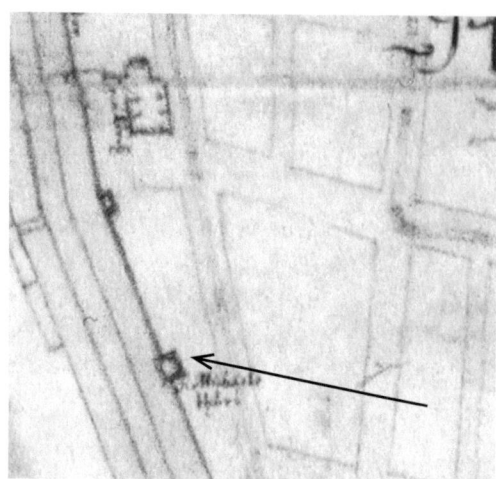

Abb. 32: Romäusturm, Grundriss, Gumppscher Plan

ROMÄUSTURM

Noch eindeutiger als beim Kaiserturm ist die Richtung des Romäusturms *(Abb. 32, 33, 34)*, die sich durch die Stellung zur Gasse hin räumlich bildet. Der Turm ist in seiner äußeren Anbindung wie der Kaiserturm tangential an die Stadtmauer gelegt. Das äußere Merkmal überwiegt die innere Wirkung, zumindest aus der damaligen Zeit.

Die für die Stadtplanung untergeordneten Türme wie Elisabethenturm, Kaiserturm und Romäusturm sind losgelöst von einem wesentlichen Bezug zum Stadtgrundriss entstanden. Unter wesentlichem Bezug ist damit gemeint, dass der Bezug zum „Superzeichen" Stadtkreuz nicht vorhanden ist. Die Türme sind nur „im"

jeweiligen Viertel der Stadt platziert. In der Bevölkerung hat natürlich der Romäusturm *(Abb. 35, 36, 37)* aufgrund seiner Höhe, aber noch vielmehr, aufgrund seiner Namensgebung einen menschlichen Bezug, wo doch viele Villinger glauben, sie könnten diesen Romäus nachahmen. Doch war diese Geschichte nicht so eindrucksvoll, denn er lehnte sich gegen die Obrigkeit auf, verließ daraufhin Villingen und starb als Söldner in einer Schlacht in Italien. Der Turm aber erinnert an die angeblichen Großtaten des Romäus. Ob damit allerdings das Auflehnen gegenüber der Obrigkeit gemeint ist, bleibt dahingestellt.

Die Ästhetik der Kreuztürme

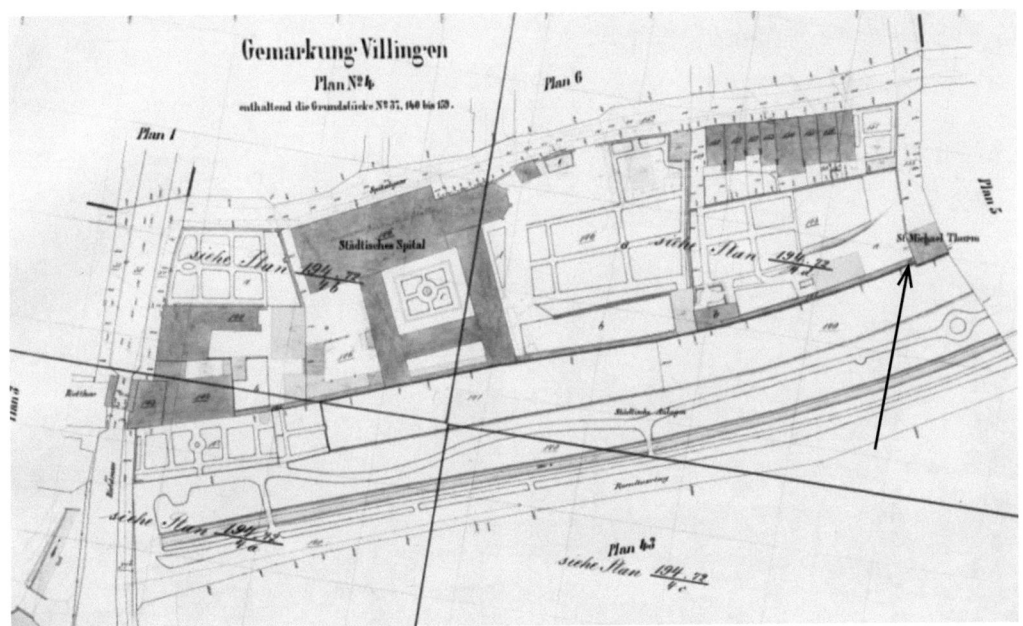

Abb. 33: Romäusturm, Grundkarte ca. 1884

Abb. 34: Romäusturm, Stadtgrundriss Auszug ca. 2010,
Blickrichtung zur Gasse verdreht, Innen- und Außentangential

Abb. 35: Romäusturm, Gumppscher Plan 1692, Ansicht

Abb. 36: Romäusturm, Ansicht verdrehte Perspektive

Abb. 37: Romäusturm Außenansicht

Die Ästhetik der Kreuztürme

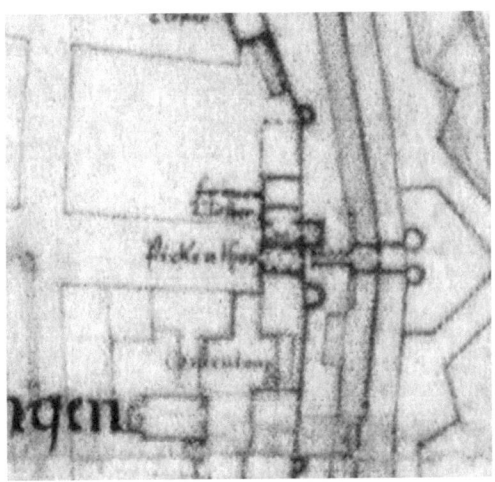

Abb. 38: Bickentor, Grundriss, Gumpp-scher Plan 1692, Anschlussgebäude?

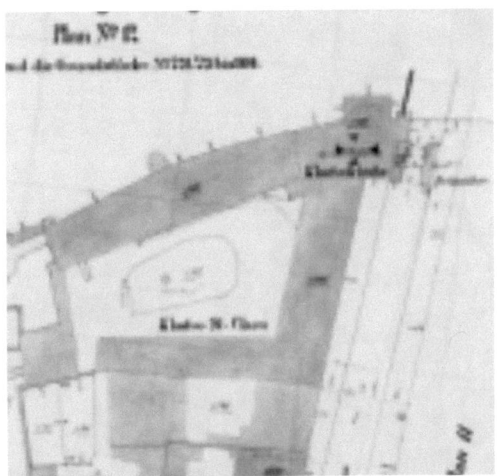

Abb. 39: Bickentor Grundriss mit Kloster um 1894

Bickentor

Der Ausschnitt des Bickentors *(Abb. 38, 39, 40)* aus dem Gumppschen Plan ist genau zu studieren. Man sieht, dass Gumpp beide Anschlussgebäude gezeichnet hat: Also er zeichnet entweder ein Gebäude als Ergänzung an der noch heute bestehenden Lücke oder er zeichnet ein dort vorhandenes bis heute unbekanntes Gebäude. Was jedoch bedeutsam ist, dass er die Situation am Bickentor orthogonal zeichnet, einschließlich des vorgelagerten Erkers. Man kann davon ausgehen, dass das Bickentor mit dem Anschlussgebäude des Klosters nicht verschoben wurde. Deshalb können wir auslegen, dass Gumpp entweder bewusst Falsches darstellte oder aber er zeichnete etwas, was seinem Beruf des Festungsbaumeisters an dieser Stelle entsprach. Gumpp zeichnet das Bickentor in der Flucht des Klos-

tergebäudes als Ersatz der Stadtmauer und neben dem Gebäude, das damals bestand. Oder Gumpp plante, damit eine optimale Verteidigungsgeometrie entstand, und zwar so, wie der Kaiserturm an der Stadtmauer in der Flucht ausgebildet ist.

Das Gebäude fluchtet mit den Anschlussgebäuden so, wie der Kaiserturm mit der Stadtmauer in einer Linie fluchtet.

Schon in der Grundkarte von 1884 ist die tatsächliche Stellung des Bickentors deutlich. Das Bickentor ist angelehnt an das Klostergebäude. Das Anschlussgebäude gegenüber ist von den Geometern von 1884 nicht dargestellt.

*Abb. 40: Bickentor, Grundkarte ca. 2010
(rechtwinkliger Abschluss zum Straßenraum)*

Die Grundkarte von 2010 mit der Abbildung des Bickentor zeigt die Intention, warum dieses Buch entstanden ist. Das Bickentor steht mit seiner Schauseite – wie sie auch in anderen Baustilen (Neoklassizismus, Gründerzeit, je Schaufassade siehe Türme) vorherrschend war – zum vor ihm liegenden Straßenraum und schließt ihn ab. Diese Tatsache ist elementar zum Erkennen der städtischen Qualität dieses Turms und der anderen  stadtraumabschließenden Türme. Dieses Erkennen ist der Grund dieses Buches, da es einen elementaren Beweis zur Planstadt Villingens liefert. Der Turm wird aus der tangentialen Beziehung zur Stadtmauer verdreht. Damit wird die Verteidigungsfunktion in stärkster Weise eingeschränkt. Es entsteht ein Hohlraum *(Abb. 41, 42, 43, 44, 45)* zur Außenseite, der an den Gebäudeflächen Möglichkeiten zum Erklimmen gab. Der Turm ist aus der Flucht der Mauer weit eingerückt. Diese Stellung ist nicht mehr mit einer Trutz- und Schutzfunktion zu vereinbaren, sondern muss einer völlig neuen Betrachtung offen sein. Die Vorderseite des Turms – die Schaufläche

Die Ästhetik der Kreuztürme

Abb. 41: Bickentor im Hintergrund,
Aus Gumppscher Plan 1692

Abb. 42: Bickentor, Innennansicht

– steht frontal und im rechten Winkel zur Straße, zum Straßenraum. Dies hat eine völlig andere Qualität als die Trutz- und Schutzhaltung der Vergangenheit und das überkommene bisherige Denken. Diese Turmstellungen unterliegen der Ästhetik, der Schönheit, der Stadtbaukunst. Würden sie in erster Linie der Verteidigung dienen, müssten diese Türme an die Stadtmauer gelegt sein wie der Romäusturm oder der Kaiserturm. Dies ist ein elementarer Unterschied in den Turmstellungen und ein Beweis, dass die Türme mit den Straßenräumen gebaut sein müssen und in Beziehung gestanden haben bei der Planung der Stadt.

Die Bilder zeigen nachdrücklich, wie der Turm den Straßenraum prägt in Fern- und Nahansicht. Der Hohlraum auf der Rückseite ist klar zu erkennen und verweist auf die Wertigkeit für den damaligen Baumeister, den Turm nicht an die Vorderkante der Stadtmauer zu setzen, sondern rund 6 m nach innen zu rücken. Es entsteht eine Hohlraumgeometrie, die durch die rechtwinklige Stellung des Turmes zur Straße und den tangentialen Anschlussgebäuden aus dem Stadtmauerverlauf entsteht. Die Turmstellung und deren Geometrie muss von außen und innen analysiert werden, damit man zu einer nachhaltigen und gültigen Aussage kommen

Abb. 43: Bickentor, Außenansicht

Abb. 44: Bickentor, Außenansicht

kann. Eine Behauptung, die sich nur auf das Äußere bezieht, ist verwerflich. Dies kann aufgrund einer Verteidigungsfunktion nicht mehr begründet werden. Die Annahme, dass die Türme in erster Linie der Verteidigung dienten, kann so nicht mehr gehalten werden. Der wahre Grund liegt in der schon damals vorhandenen Gesamtstadtplanung für Villingen, wofür die Stellung der Türme einen Beweis darstellen. Andere Beweise wurden dargelegt, andere finden sich in meiner Schrift „Stadtkulturerbe Villingen". Die Beweise werden am Ende des Textes nochmals aufgeführt.

Abb. 45: Bickentor, Innenansicht

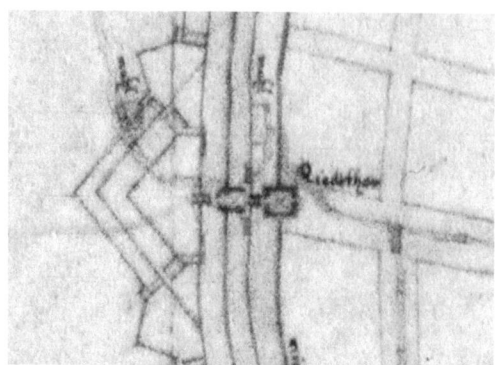

Abb. 46: Riettor, Grundriss, Gumppscher Plan 1692

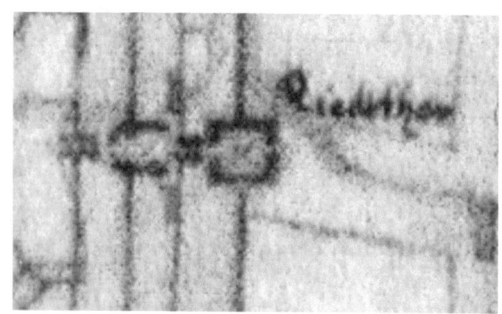

Abb. 47: Riettor, Vergrößerung Gumpp-scher Plan 1692, Zeichen der richtigen Lage (Wehrtechnik)

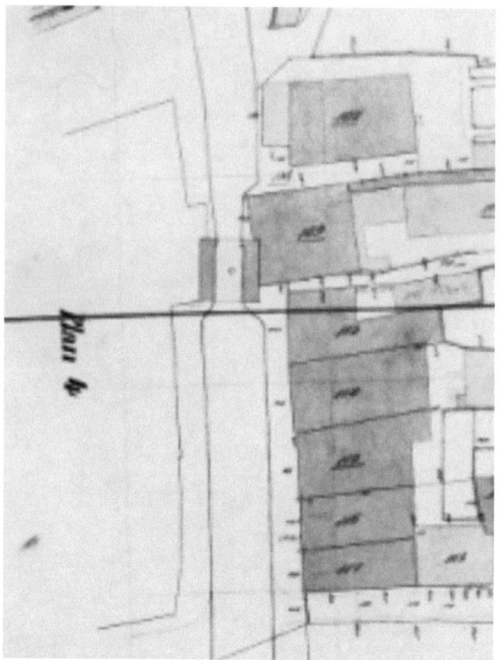

Abb. 48: Riettor, Grundkarte 1884

RIETTOR

Ebenso wie beim Bickentor zeichnet Gumpp wehrtechnisch richtig die Türme, wie sie verteidigungsfunktional stehen müssten, um die bestmögliche Abwehr zu generieren. Gumpp will die Bauherrn nicht hinters Licht führen, sondern als Wehrexperte zeichnet er aus seinem Abwehrbewusstsein, als Verteidigungsexperte, wie die Türme stehen sollten. Man kann ihm dies nicht vorwerfen. Tatsächlich sind die Türme jedoch anders platziert. In der Vergrößerung ist die Gumppsche Darstellung mit dem vorgelagerten Erker klar zu sehen. Beide Baukörper nehmen die Flucht der Stadtmauer auf. Auch in der Grundkarte von 1884 ist das Anschlussgebäude klar sichtbar. Das Riettor *(Abb. 46, 47, 48, 49)* hat in diesem System eine Besonderheit. Die nördliche Innenecke des Turmes ist so

Die Ästhetik der Kreuztürme

Abb. 49: Riettor, Grundkarte 2010, Abweichung tangentiale Mauerführung zum rechtwinkligen Straßenraum)

gedreht, dass der Turm wiederum mit seiner Schaufläche zum Straßenraum zu liegen kommt und den Straßenraum der Rietstraße dominiert.

Die Karte von 2010 zeigt nachdrücklich, in welchem Grad der Turm aus der Stadtmauerflucht gedreht ist. Die Ecke – markiert durch den Pfeil – war Anlass, über die Türme und deren Stellung weiter nachzudenken. Ausfluss dieser Gedanken ist dieses Buch mit dem endgültigen Beweis zur mittelalterlichen Planstadt Villingen. Die Bilder definieren wie beim Bickentor ein zeitliches

Fortschreiten von Gumpp bis heute. Die Ansicht vom Hubenloch her zeigt wieder die Hohlräume, die sich zwischen den Anschlussgebäuden und dem Turm selber ergeben. Ist die Stellung auf der Innenseite klar rechtwinklig zum Straßenraum definiert, so ergibt sich aufgrund der Verdrehung zur Innenseite auf der Außenseite ein mehrwinkliges Gebilde, welches sich durch die tangentiale Führung der

Abb. 50: Riettor, Ansicht,
Gumppscher Plan 1692

Abb. 51: Riettor, Innenansicht
Verdrehung

Abb. 52: Riettor, Innenansicht

Anschlussgebäude ergibt, was man als dreiseitig begrenzten Hohlraum *(Abb. 50, 51, 52, 53, 54)* definieren kann. Manch einer schaut die Dinge nur von einer Seite an und behauptet Dinge, die dann auch noch bedauerlicherweise von vielen gehört werden. Diese Art von Forschung, die sich über andere Erkenntnisse erhebt, ohne das Ganze und sämtliche Prämissen zu berücksichtigen, fehlt jede Legitimation, denn sie kann zwangsweise nicht der Wahrheit dienen, weil sie eben diese unterdrückt.

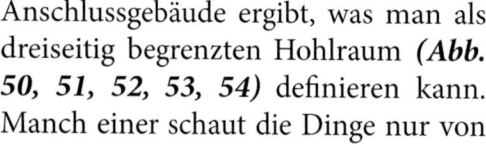

Die Ästhetik der Kreuztürme

Abb. 53: Riettor, Außenansicht,
linke Seite

Abb. 54: Riettor, Außenansicht,
rechte Seite

OBERES TOR

Das Obere Tor *(Abb. 55, 56, 57)* ist für den Verfasser das schönste Tor der noch vorhandenen Türme. Die Proportionen sind für einen Turm schön ablesbar. Der Turm steht wie die anderen zwei Türme eindeutig zum Straßenraum der Oberen Straße. Wenn man sich an der Hauptkreuzung einmal um die Achse dreht, so sieht man klar, dass das Obere Tor höher ist als die beiden Tore Riet- und Bickentor. Der Leser

kann vermuten, welche Höhe das Niedere Tor damals hatte, bevor es 1848 abgebrochen wurde. Es war nämlich das niedrigste Tor der vier Türme. Schon allein diese Tatsache verweist auf einen planerischen Ansatz beim Bau dieser Stadt. Die Bilder zum Turm müssen so interpretiert werden, wie sich die Türme zeigen, nämlich als Objekte, die die Abschlüsse der Straßenräume markierten.

Der Turm als Abschluss, der die vor-

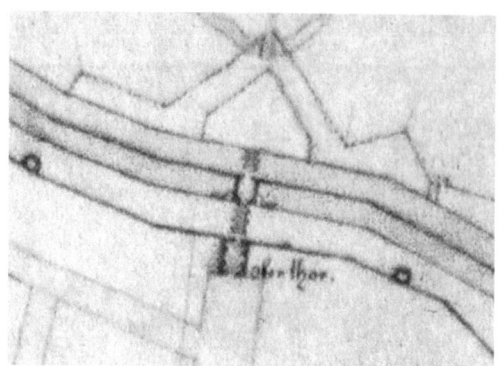

Abb. 55: Oberes Tor, Grundriss, Gumppscher Plan 1692

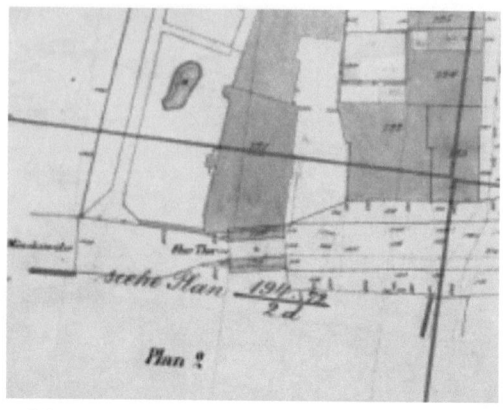

Abb. 56: Oberes Tor, Grundkarte 1884

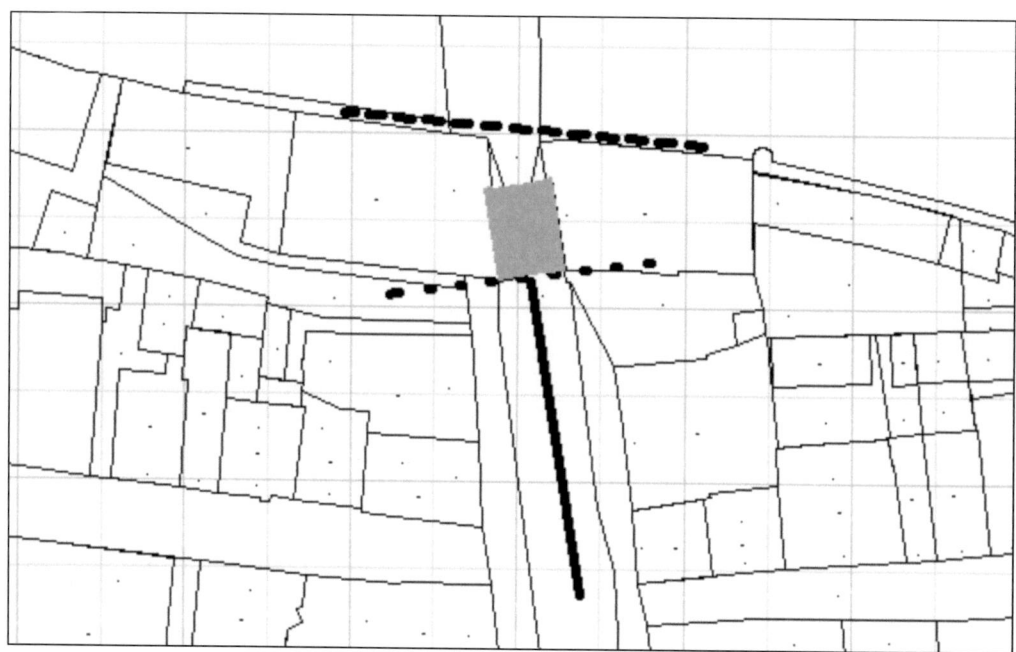

Abb. 57: Oberes Tor (Straßenraumstellung), Grundkarte 2010; tangentiär zur Mauer, rechtwinklig zur Atraße, Ästhetik

handene Straßenbebauung um vieles überragt, dient in allen vier Straßenräumen als Erkennungszeichen. Im Rothschen Haus ist ein Gemälde *(Abb. 58, 59, 60, 61, 62, 63),* das die Situation mit Erker zeigt. Die Frage stellt sich natürlich, ob ein Wiederaufbau der äußeren Bebauung möglich wäre.

NIEDERES TOR

Der Gumppsche Plan zeigt die Stellung des Niederen Tors *(Abb. 64, 65,*

Die Ästhetik der Kreuztürme

Abb. 58: Oberes Tor,
Gumppscher Plan 1692

Abb. 60: Oberes Tor,
Innenansicht (Nähe)

Abb. 59: Oberes Tor,
Innenansicht (Ferne)

Abb. 61: Oberes Tor, Außenansicht

66). Nach einer ersten Einschätzung ist das Niedere Tor anhand des Gumppschen Planes sehr Nahe am Kapuzinerkloster. Das Niedere Tor ist letztendlich das Abrisssymbol für die gesamten Abbrüche, die an der Stadt Villingen vorgenommen wurden. Man sieht im Gumppschen Plan am Ende der Goldgrubengasse eine bauliche Markierung, die einen Turm darstellen könnte und damit die Bedeutung der Goldgrubengasse, die die genannte Hüfinger Stra-

Abb. 62: Oberes Tor, Außenansicht, Verdrehung zur Straße, Mauereinschnittsraum

ße ist und nicht die Gerberstraße. Der Grund liegt in der Verschwenkung der Schwedendammstraße in die Niedere Straße, die dem entspricht, wenn die Schwedendammstraße geradlinig in die Stadt, nämlich in die Goldgrubengasse, führte.

Das Schwedendammstraße-Goldgrubengasse-System ist das älteste Wegesystem **(Abb.**

Die Ästhetik der Kreuztürme

Abb. 63: Oberes Tor, Gemälde im Rothschen Haus

67, 68, 69, 70), welches in der Kernstadt von Villingen nachweisbar vorhanden ist.

Auf der Grundkarte ist klar ersichtlich, dass der Baublock um das Kapuzinerkloster noch nicht bebaut war. An der Ecke Färberstraße/ Romäusring befindet sich noch ein Gebäude, das den Stadtmauerverlauf aufnahm. Die Blockfläche ist noch markiert durch Grünanlagen. Zur Stadt hin kann man die kleinteiligen Parzellen erkennen, aus denen sich die eindrucksvollen Fassadenbilder der Stadt ergeben. Die Amtsgericht-Gefängnis-Stellung wird schon damals außerhalb der Blockgröße der Stadt erstellt. Das Ge-

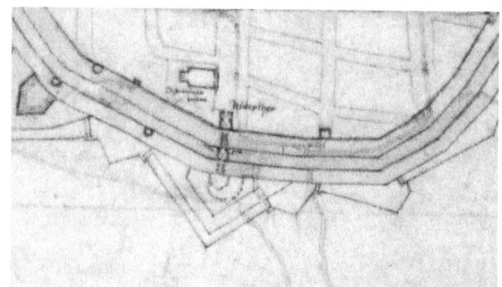

Abb. 64: Niederes Tor,
Gumppscher Plan 1692

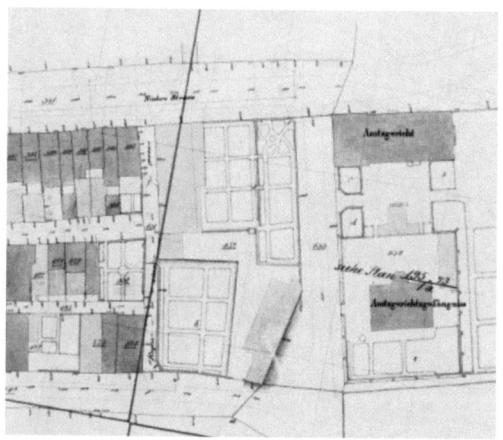

Abb. 65: Niederes Tor,
Grundkarte 1884

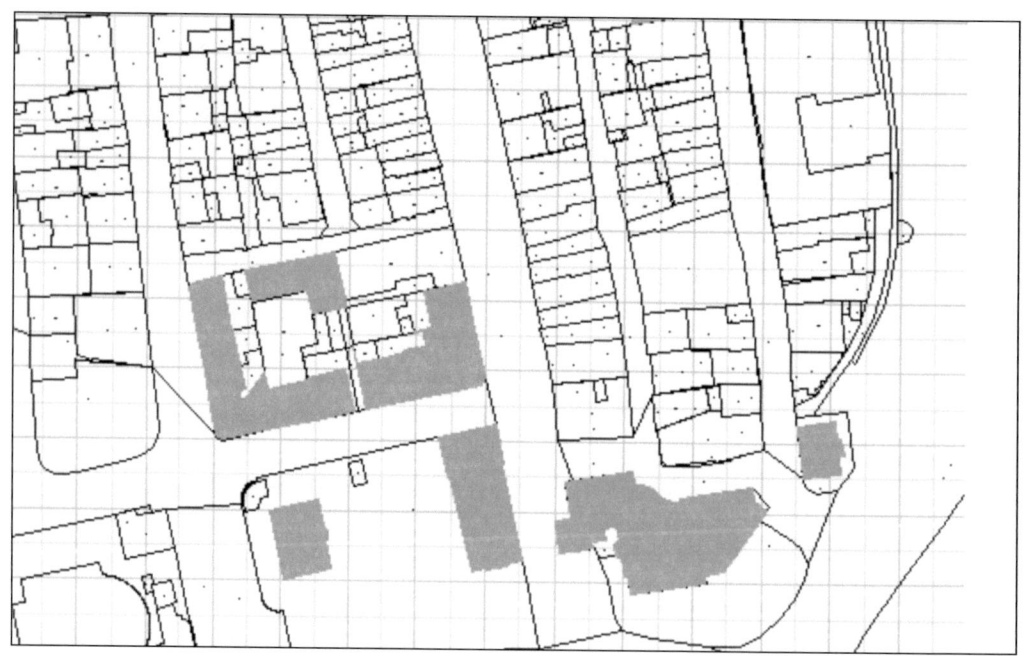

Abb. 66: Niederes Tor, Grundkarte 2010

fängnis ist nicht an die Flucht von der Färberstraße gebaut, sondern rückt in das Grundstück ein. Wahrscheinlich aus Sicherheitsaspekten, aber zum Nachteil der Stadt, da ein südliches Weiterführ-

ren der Stadt dadurch nicht mehr möglich war und die Flucht der Färbertsaße nicht aufgenommen werden konnte.

Die Grundkarte von 2010 zeigt die wesentlichen Bebauungen, die sich nach

Die Ästhetik der Kreuztürme

Abb. 67: Niederes Tor,
Gumppscher Plan 1692

Abb. 68: Niederes Tor, Innenansicht

dem Abbruch des Niederen Tores ergeben haben. Die Blockbebauung um das Kapuzinerkloster nimmt das Grundsystem aus dem südlichen Bereich auf und schließt den Block, allerdings nicht mit dem kleinteiligen Raster, sondern mit dem herrschaftlichen Raster der dortigen Bürgerhäuser.

Für den Bau des Amtsgerichts wird das Niedere Tor abgerissen. Der Amts-

Abb. 69: Niederes Tor, Blue-Boxx, Innenansicht

gerichtsbau situiert sich am Ende der Niederen Straße und nimmt die Raumflucht der Niederen Straße auf. Die Größe dieses profanen Verwaltungsbaus war ursprünglich den Klöstern und den Kirchen in der Stadt vorbehalten. Der damalige Zeitgeist der Obrigkeit ließ es zu, dass ein einmaliges Stadtgefüge entstellt und vernichtet wurde. Die Argumente – nachlesbar in den damaligen Zeitungsauszügen – sind wie immer in solchen Situationen nahe am Grotesken.

Wird durch das Amtsgericht die Nähe und Rücksicht zur Stadt mit der Aufnahme der Niederen-Straße-Flucht aufgenommen, fehlt jeder Bezug des ehemaligen Gesundheitsamtes zur Villinger Innenstadt. Das

Abb. 70: Niedere Tor, Außenansicht

Gebäude wird rund 8 m aus der Flucht der Niederen Straße platziert, und ihm fehlt jeder Bezug zum Raumgebiet der Niederen Straße und damit zur Stadt, zur Kernstadt selbst: eine Verbindung zwischen den Straßentürmen und der Schaufläche des Gesundheitsamtes, welche zur Schwedendammstraße zeigt, dem früheren Haupt-

zugang zur Stadt, nämlich das Zeigen einer Seite zum Hauptsichtraum, der sogenannten Blickachse. Ist es bei den Türmen die jeweilige Hauptstraße, so ist es beim Gesundheitsamt die Schwedendammstraße, auf der man früher von Donaueschingen und Hüfingen zur Stadt gelangte.

Man sieht bei Kenntnis der verschiedenen architektonischen Intentionen Verbindungen von Architekturstil zu Architekturstil – wie vorher gezeigt. Der Stil des Gesundheitsamtes (Gründerzeit) wurde in Villingen mehrfach realisiert, oft als Eckgebäude.

Die Fassaden zur Straßenseite sind meist aufwendig hergestellt. Gleiches Vorgehen findet sich beim Neo-Klassizismus und eben auch in der Baukunst des Mittelalters beim Bau dieser Stadt, speziell ihrer Türme. Die Gebäude der verschiedenen Architekturstile werden zur Schaufläche mit ihrem schönsten Aussehen für die Betrachter gestellt. Die Villinger Türme stehen mit ihrer jeweiligen Schaufläche zu dem ihnen vorliegenden Straßenraum.

Wiederum aus dem Gumppschen Plan ist das Ensemble von Niederem Tor und vorgelagertem Erker zu erkennen.

Die Planung der Ansicht der Blue-Boxx unterlag mehreren Phasen, denn schon bei der Amtsgerichtsplanung brachte man einen Platz zu Papier, der damals aber nicht realisiert wurde. Eingriffe in bauliche Bestände, wie das Niedere-Tor-Ensemble, sind hoch risikoreich. Die Folgen sind nicht zu kalkulieren zwischen dem, was man unverantwortlich opfert, und dem, was entsteht. Die Blue-Boxx soll der Ersatz für das Niedere Tor sein mit dem unteren Abschluss der Niederen Straße. Der Leser kann die Differenz zwischen den Abschlüssen der drei anderen Tore und Türme mit der Blue-Boxx vergleichen und sein Urteil bilden.

Es ist nicht so, dass der Verfasser einem historischen Wiederaufbau das Wort reden würde. Das Bauen hat wie gezeigt auch etwas mit einer gewissen baulichen Wahrheit zu tun. Wenn man grundlegend darüber nachdenkt, dann müsste man für einen Wiederaufbau

Die Ästhetik der Kreuztürme

des Niederen Tors mindestens auch die innere Mauer wieder entstehen lassen. Die gezeigten Baulichkeiten, die auf der Freifläche der Stadtmauer entstanden, müssten abgebrochen werden, wenn man die Stadtmauer und das Niedere Tor wieder aufbauen wollte, damit man einen einigermaßen gerechtfertigten historischen Kontext wieder herstellen könnte.

Dieses Vorgehen ist jedoch nicht nur finanziell nicht realisierbar und deshalb unrealistisch. Der Schluss aus dieser Überlegung ergibt, dass eine Weiterentwicklung am südlichen Eingang, wie er sich seit rund 200 Jahren darstellt, nicht einschränkbar ist, obwohl zahlreiche Planungen Möglichkeiten aufzeigten. Die einzelnen Stellungen und Abbrüche verdeutlichen, wie der Prozess der Wachstumsgeometrie immer mehr Raum im südlichen Bereich der Kern-

stadt von Villingen greift. Was entsteht, ist im Nachhinein gleichgültig. Man redet es schön und verdeckt bewusst die Mängel.

Der Raum ist am schönsten auf Plätzen zu erleben, weil damit die größte Vorstellungskraft verbunden ist, die wir wahrnehmen. Dies ist individuell verschieden. Räume sind die Begegnungsmöglichkeit der Menschen, um sich auszutauschen. Wachsen wir auf, so ist die Erinnerung nicht vorwiegend der Raum der Wohnung, sondern der Außenraum. Räume vermitteln Identität zu einer Gemeinschaft. Je mehr Räume wir kennen, um so besser vermittelt es uns die Gesetzmäßigkeit des Raumes. Der Platz am Niederen Tor wurde vor 160 Jahren angedacht. Er fand Eingang in mehrere Studien von Städtebauern und Architekten, die von der Obrigkeit der Stadt beauftragt wurden, um

die Niedere-Tor-Problematik zu lösen. Es wurden städtebauliche Gutachten gefertigt, und zwar über mehrere Jahrzehnte. Es wurde ein Wettbewerb ausgelobt zur großen Stadthalle, woran über 60 Architekten und Stadtplaner teilnahmen. Die Auslobung eines Wettbewerbs wird dann einfacher, wenn man die Aufgabe so genau als möglich beschreibt, sodass sich die Teilnehmer genau darauf einstellen können. Denn die Wettbewerbsaufgabe an einem der schwierigsten Knotenpunkte in Baden-Württemberg hatte es in sich. Er war schwer, sehr schwer zu lösen. Die Elemente dieses Knotens waren grob: Kai-

serring, Bertholdstraße, Niedere Straße, Schwedendammstraße, Kernstadt mit historischer Bebauung, Kernstadt mit Erweiterungen (Amtsgericht) und Südstadtstruktur. Als Städtebauer und Architekt ergeben sich zu jeder Aufgabe verschiedene Möglichkeiten der Reaktion. Aber welche ist die Richtige?

Wie entscheidet man sich, welche sieht man und von welcher ist man gefangen? Frühere Preisgerichte verteilten die Preise aufgrund „verschiedener" Ansätze. Damals wurde im Block entschieden. Von den rund 60 Teilnehmern kann man die Arbeiten in drei Bereiche einteilen: Eine Klasse der Teilnehmer

Die Ästhetik der Kreuztürme

entscheidet sich für eine freie Form. Freie Formen haben den Vorteil, dass sie sich wenig mit dem Bestand auseinandersetzen, in ihn auch damit nicht eingreifen. Die Raumzusammenhänge sind neu, aber ungewohnt, und deshalb wird selten für eine freie Form entschieden. Wettbewerbe werden hauptsächlich durch die zugrunde liegenden städtebaulichen Zusammenhänge entschieden. In diesem Fall waren sie wie beschrieben äußerst schwierig im Zusammenhang einer einmaligen Stadtanlage mit „übernarbten Verletzungen" im südlichen Bereich.

Eine Klasse der Teilnehmer entschied sich für die Lösung und die Aufnahme des Abschlusses des Straßenraumes der Niederen Straße. Die andere Gruppe entschied sich für die Aufnahme der Struktur aus der Südstadt.

Beide Entscheidungen hatte weitreichende Konsequenzen. Die Aufnahme für den Abschluss der Niederen Straße bedingte bei der einen Gruppe, dass die Südstadtstruktur aufgehoben wurde, sie hätte überbaut werden müssen.

Die andere Lösung hatte den Nachteil, dass eine bauliche Lösung zur Aufnahme der Raumflucht der Niederen Straße nicht vorgesehen war. Dafür aber ein Platz.

Das Preisgericht ließ sich vom Abschluss der Niederen Straße leiten und verteilte die ersten wichtigen Preise an die Teilnehmer, bei denen der Abschluss der Niederen Straße im Vordergrund stand und ein irgendwie geartetes Bauwerk das Niedere Tor ersetzen sollte.

Die zweite Gruppe mit der Platzlösung erhielt die Ankaufsreihe. Gebaut wurde nicht die Lösung der ersten Preise, sondern die der Ankäufe. Aufgrund einer grundlegenden essentiellen Untersuchung wurde aufgezeigt, dass eine Bebauung mit Platz die richtige sei, und überzeugte alle Beteiligten für die richtige Lösung. Diese Untersuchung hat jedoch elementare Unterschiede hinsichtlich des Platzes zum jetzt Gebau-

ten. Gedacht und vorgestellt wurde ein schmales Gebäude, das zwischen Großherzog-Karl-Straße und der Bertholdstraße Platz fand, um zu gewährleisten, dass die Flucht der Niederen Straße sich im Platz finden sollte. Damit wäre nicht ein baulicher Abschluss entstanden, sondern ein räumlicher. Arkadengebäude hätte die Straßen Großherzog-Karl-Straße und Schwedendamm begleitet, und es wäre entgegen zum jetzigen großen Platz ein kleiner Platz entstanden. Der Niedere-Straßen-Raum wäre deshalb nicht mit einer Wand verstellt worden durch das Blue-Boxx-Gebäude, sondern hätte sich räumlich in diesem Platz gefunden. Die Entwicklungsstufen von einer zur anderen Lösung un-

terlaufen merkwürdige Prozesse, die dann beim Kennen für alle sichtbar und nachvollziehbar werden. Der Raum ist sensibel und findet immer seinen Platz. Vergegenwärtigen wir uns die Straßenräume von Niedere-Obere-Straße sowie Bicken- und Rietstraße, dann muss uns bewusst sein, dass jede Änderung an den Begrenzungen der Straßenräume, also den Gebäuden, eine hochsensible Angelegenheit ist und denjenigen vorbehalten sein sollte, die etwas von Materie, also Gebäuden, Raum und Zeit verstehen.

Vom Platz am Niederen Tor ist die südliche Ansicht der Stadt wahrnehmbar. Sie ist gekennzeichnet durch das frühere Gesundheitsamt, heute ein Bankgebäude. Dieses Gebäude markiert nicht mehr den dahinterliegenden Straßenraum, sondern es ist eigenständig. Damit ist es Vorläufer des sogenannten heutigen Individualstils, der sich überall zeigt. Jeder Architekt möchte für sich ein Markenzeichen schaffen, welches er dann – gleichgültig wo – in den jeweiligen Stadt- oder Dorfraum stellt. Es gibt keinen klassischen Stil mehr, wie es ihn in den zurückliegenden Zeiten der Romanik oder der Gotik gegeben hat. Die klassische Moderne der Architektur löst sich auf in drei wesentliche Bereiche: die Dekonstruktion, die kristalline Bauweise und die technische Moderne. Vom Platz des Niederen Tors aus sind die Entwicklungen ab dem 18. Jahrhundert nachzuvollziehen. Geht man in die Stadt selbst, ist mit offenem Auge einiges zu entdecken. Dabei greift als

Grundlage nicht die euklidische, wie es aus den Lageplänen zu entnehmen ist, sondern die Wachstumsgesetze, die sich nur auf die Einzelbebauung der jeweiligen Bauabsicht konzentrieren und nicht auf die umgebende Bebauung. Denn diese hätte nur einen Wiederaufbau in den Grenzen von 1692 zugelassen, wenn man einem solchen baukünstlerisch hochwertigen Stadtbauwerk hätte gerecht werden können. Dies ist aber im südlichen Bereich nicht mehr möglich. Dem Einhalt der Wachstumskraft im Bereich der Kernstadt von Villingen ist nachhaltig zu begegnen, sonst gibt es in dieser Stadt in weiteren 60 Jahren die nach dem Villinger Baugesetz vorhandenen Fassadenbilder mit den zugrunde liegenden Gesetzmäßigkeiten nicht mehr.

STADTBILDER

Die folgenden Bilder sollen für sich sprechen und werden nicht näher erläutert. Sie unterliegen zwei grundlegenden Baugesetzen, welche auch auf zwei menschliche Handlungsweisen hindeuten. Das eine Muster findet in einem sozialen und das andere im egoistischen, individuellen Handeln seine Grundlage, wenn man die Dinge zu Ende denkt.

Die Ästhetik der Kreuztürme

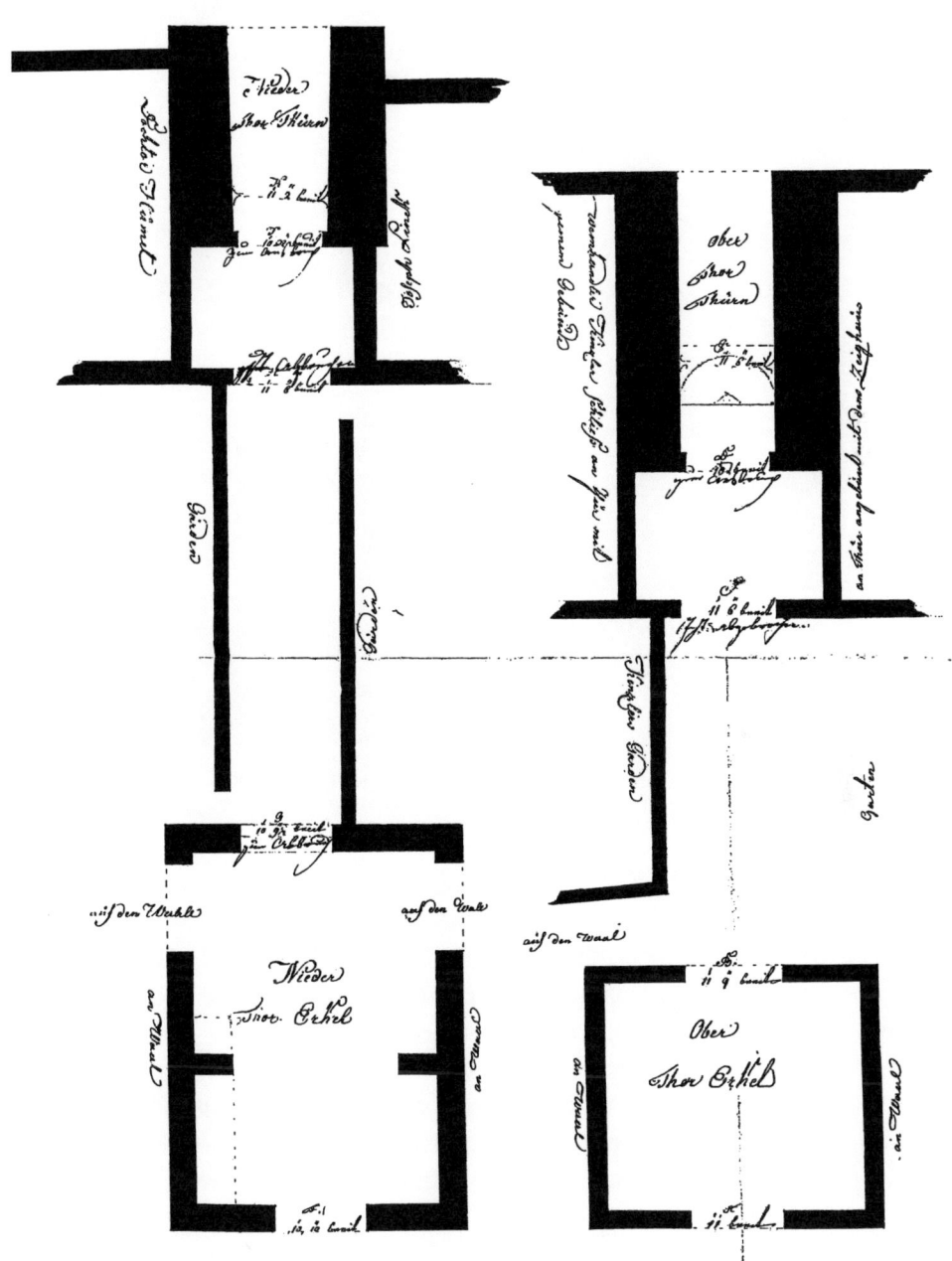

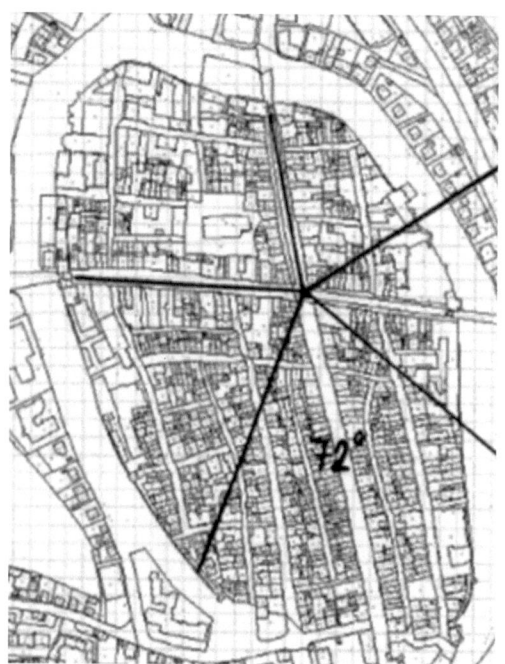

Abb. 71: Vier und Fünf in Einem,
Das Weltliche und das Geistige

Abb. 72: Zinsergasse, charakteristisches
Fassadenbild, Villinger Baugesetz

Abb. 73: charakteristisches Fassadenbild,
Villinger Baugesetz, Rietgasse

DAS VILLINGER BAUGESETZ FÜR GEBÄUDE

Das Villinger Baugesetz ist einfach. Es generiert Gebäude auf einer zugrunde liegenden Parzelle, die in ihrer Breite variieren, über ein gewisses Maß jedoch nicht darüber hinausgehen dürfen. Die Gebäude haben einen Sockel in der Regel, eine Lochfassade, die Fenster sind gefasst. Das Dach steht mit der Traufe zur höherwertigen Straße, und die Geschossanzahl richtet sich danach, ob es eine untergeordnete oder eine Haupt- oder Nebenstraße ist. Vier Straßenhi-erarchien sind erkennbar, die ebenfalls in die Auffassung deuten, dass sich die Stadt von Süden nach Norden entwickelt hat, denn so sind auch die Straßen angelegt. Die einzelne Fassade ist in ihren einzelnen Elementen vermeintlich nicht erwähnenswert und hat keinen architektonischen Anspruch in der Architekturtheorie. Das darin Festgeschriebene und Unbedeutende erhält jedoch seinen Rang, wenn diese Fassade nicht als einzelnes Fassadenbild, sondern in Form summarischer Fassadenbilder auftritt. Die Fassaden in Reihung und

Abb. 74: charakteristisches Fassadenbild, Villinger Baugesetz, Rietgasse

in einem gewissen Rhythmus verleihen dieser Stadt ihren außergewöhnlichen Charakter, in dem sie zahlreiche Straßenräume und Plätze begrenzen. Dies ist grundlegend festgeschrieben in der nicht immer verstandenen Parzellenstruktur der Gesamtstadt.

Das städtebauliche Gesetz der euklidischen und planerischen Stadt – im Gegensatz zur fraktalen und gewachsenen Stadt – wurde im Vorgenannten und in meinem Buch Stadtkulturerbe Villingen beschrieben und definiert. Für beide Bücher gilt der Satz von Roosevelt.

DER FREIE STIL

Der Individualstil ist erkennbar am Objekt und bedarf keiner weiteren Beschreibung. Die Parzellen werden zusammengelegt, um größere Flächen zu erhalten. Die Ausbildung der Baukörper ist fern vom Villinger Baugesetz.

*Abb. 75: Charakteristisches Fassaden-
bild, Villinger Baugesetz, Turmgasse*

*Abb. 76: Charakteristisches Fassaden-
bild, Villinger Baugesetz, Rosengasse*

*Abb. 77: Charakteristisches Fassaden-
bild, Villinger Baugesetz, untere Niedere
Straße*

*Abb. 78: Charakteristisches Fassaden-
bild, Villinger Baugesetz, untere Gerberstraße*

*Abb. 79: Charakteristisches Fassaden-
bild, Villinger Baugesetz, Bickenstraße*

*Abb. 80: Charakteristisches Fassaden-
bild, Villinger Baugesetz, Obere Straße*

Die Ästhetik der Kreuztürme

*Abb. 81: Charakteristisches Fassaden-
bild, Villinger Baugesetz, Kronengasse*

*Abb. 82: Charakteristisches Fassaden-
bild, Villinger Baugesetz, Rathausgasse*

*Abb. 83: Charakteristisches Fassaden-
bild, Villinger Baugesetz, Obere Niedere
Straße*

*Abb. 84: Charakteristisches Fassaden-
bild, Villinger Baugesetz, Brunnenstraße*

*Abb. 85: Charakteristisches Fassaden-
bild, Villinger Baugesetz, obere Niedere
Straße, mit der Brunnenstraße eines der
schönsten Bilder in Villingen*

Abb. 86: Hierarchie der Straßen (Gerberstraße – Goldgrubengasse), trotzdem gleiche Bauhöhen

Abb. 87: untere Goldgrubengasse, Höhe?

Abb. 88 1 u. 2: Terrasse anstatt Traufe, Giebel anstatt Traustellung, Garageneinfahrt im Sockelbereich, Höhenentwicklung, Thomasgasse

Die Ästhetik der Kreuztürme

Abb. 89: Fensterband anstatt Lochfassa-de, Gucklöcher, Pultdach anstatt Trauf-stellung, parzellenübergreifende Mauer-scheibe, Paradiesgasse

Abb. 91: Ein Glasvorbau interpretiert als Erker, Rietstraße

Abb. 90: Fassadenvorbau im Straßen-raum, Nachbildung eines erweiterten Heuaufzuges, jetzt aus Glas über die ganze Fassade, Hafnergasse

Abb. 92: Gaupenausbildung, Rietgasse von der Anlage her

Abb. 93: monotone Ausbildung, der Lochfassade, der Traufe, der Gaupen, Erdgeschosszone etc., Ergebnis zusammengefasster Parzellen, obere Niedere-Straße

Abb. 94: Pseudo-Historismus, zusammengefasste Grundstücke, Unteres Rietviertel

Abb. 95: zusammengefasste Grundstücke, Erdgeschoss Garagenrolltore, Kapuzinergasse

Die Ästhetik der Kreuztürme

Abb. 96: zusammengefasste Grundstü-cke, untere Gerberstraße

Abb. 98: Arkade, zusammengelegte Grundstücke, untere Gerberstraße

Abb. 97: zusammengefasste Grundstü-cke, Betonarchitektur mit Stützenstel-lung, Arkadenausbildung anstatt Wand, untere Gerberstaße

Abb. 99: Dacheinschnitt mit Terrassen, Musterhaus zur Bebauung der Gesamt-stadt, nach Abbruch, Niedere Straße

Abb. 100: zusammengefasste Grundstü-cke, monotone Wirkung, Bickenstraße

*Abb. 101: zusammengefasste Grundstü-
cke, falsche Stockwerkshöhe im Erdgeschoss, Hafnerviertel*

*Abb. 102: Betonbrutalismus der 60ziger
Jahre, Münsterviertel*

*Abb. 104: moderne und neue Elemente,
Gemeindezentrum, Kanzleigasse*

*Abb. 103: Brüstungshöhen, zusammen-
gefasste Grundstücke, Webergasse*

Die Ästhetik der Kreuztürme

Abb. 105: moderne Eingangs- und Fensterformate, auf zusammengefassten Grundstücken, Webergasse

Abb. 106: gemalte Parzellenbreite (kaschiert), Höhenentwicklung

Abb. 107: Lageplan, zusammengefasster Grundstücke, Gesamtstadt (Entwicklung bis 2010)

Abb. 108: Hauptkreuzung der Stadt Villingen, Ergebnis zusammengefasster Grundstücke, Ecke Bickenstraße-Niedere Straße

NACHWORT

Die Stadt stirbt einen langsamen Tod. Seit rund 200 Jahren hält dieser Prozess in verschiedenen Ausprägungen an. Die Argumente variieren. Beim Abbruch des Niederen Tors musste der Satz herhalten, dass keine Heuwagen angeblich mehr durch das Tor passen. Mit solchen Sätzen wird die Stadt zerstört, weil sie nicht reflektiert werden. Heute wird mit der Wirtschaftlichkeit und dem Angebot für die Bevölkerung argumentiert. Es sind alles zweischneidige Behauptungen, die bei näherer Betrachtung der Stadt als solche nicht helfen. Die größte Gefahr für die Stadt: Es fehlt an der fehlenden Bestimmtheit von Schutzmaßnahmen. Sind sie zu sehr auslegbar, so führt dies zu einer Willkür, die dem Individualstil unterliegt. Die Stadt benötigt einen Schutz, der für die Stadt als solche und ihrer Wertigkeit gilt.

In meiner Schrift wurden Beweise dargestellt, die aufzeigen, dass diese Stadt geplant sein muss und damit ein nachdrücklich bauliches, städtisches Werk darstellt, das erdacht und gesetzt wurde, also über einen kurzen Zeitraum gebaut wurde. Einer dieser Beweise ist die Stellung der Türme, die sich eindeutig zur Stadt orientieren und damit der Ästhetik und dem Schönen entsprechen. Der Gedanke der Verteidigung und des Schutzes war damals zweitrangig.

In der Wissenschaft hat sich ein Vorgang entwickelt, um eine Theorie zu rechtfertigen. Er führt über die Zahl der Prämissen oder Axiome zur Formulierung von Beweisen oder mehreren Beweisen, die dann zur Theorie führen.

Im Ortskernatlas des Landesdenkmalamtes über Villingen wird behauptet, dass eine planerische Grundlage und eine Setzung der Stadt nicht erkennbar ist.

Die Personen, die an einer solchen Auffassung beteiligt waren, gründen sich auf einen Namen und dessen Behauptungen.

DIE BEHAUPTUNGEN

1. Das Kreuz ist schiefwinklig, und damit ist die Stadt in zwei Phasen entstanden
2. Die Stadt hat sich aus dem Münsterviertel entwickelt
3. Zwei Motten am Riet- und Oberen Tor waren Ausgangspunkt zur Stadtentwicklung

Mekseper, ein damaliger junger Doktorand, hat mit wenigen Sätzen die Grundlage für seine Nachfolger gelegt, die hauptberuflich diese Behauptungen übernahmen. Bis 1968 waren es in erster Linie nebenberufliche Stadtforscher, die sich mit Villingen auseinandersetzten und der Auffassung waren, dass ein Stadtgründer vorhanden sein musste, der diese Stadt anlegte. Die These der Heimatforscher wurde von Mekseper jedoch durch diese drei Behauptungen von seiner Seite und seinen Nachfolgenden nicht weiterverfolgt.

Wie belastbar sind aber diese drei Behauptungen und damit die Informationsübernahmen dieser Annahme von Mekseper?

ZU 1.) DAS KREUZ IST EINDEUTIG UND OHNE JEDEN WIDERSPRUCH SCHIEFWINKLIG.

- Ob diese Stadt dadurch in zwei Phasen entstanden sein muss, ist jedoch aufgrund der bisherigen Darlegungen nicht möglich.
- Wenn dies geschehen wäre, müsste eine fraktale Struktur am Rande der begrenzenden Straßen des Münsterviertels vorhanden sein. Denn wenn dieses Viertel Ausgangspunkt gewesen wäre, so müsste eine entsprechend anders geartete Struktur erkennbar sein, wenn sich die Stadt in zwei Phasen entwickelt hätte.
- Die Hauptstraßen Niedere Straße – Gerberstraße – Färberstraße führen eindeutig von Süden nach Norden und verweisen damit auf den tatsächlichen baulichen Anfang der Stadt. Es ist nicht denkbar, dass sich diese Straßenführung nach der Anlage des Münsterviertels in dieser Weise entwickelt hat.
- Das Münster müsste exakt in der West-Ostrichtung, und zwar in der

Richtung und Flucht der Rietstraße entstanden sein, wenn das Münsterviertel zuerst da gewesen sein sollte, wie Mekseper und seine Nachfolger behaupten. Fast alle Kirchen nehmen die Ostung auf. Die Stellung des Münsters ist ein klarer Beweis, dass das orthogonale System der Südseite mit der Stellung des Münsters in das Münsterviertel eingreift und sicherstellt, dass die Stadt ähnlich einem Bebauungsplan – also in einer räumlich zunächst undefinierten Abfolge – bebaut wird.

- Die Hafnergasse und Kronengasse haben einen eindeutigen orthogonalen zum euklidischen und südlichen System verweisenden Bezug. Diese beiden Straßen wurden mit dem südlichen System angelegt. In Baugebieten ist es oft so, dass an verschiedenen Stellen mit dem Bauen der Baufläche begonnen wird. Also nicht wie in der gewachsenen Struktur Haus um Haus, Straße an Straße, sondern es kann eine Bebauung einsetzen, wo man sich im Baugebiet die vermeintlich besten Bauplätze sucht, die dann bei Erfüllung der Anzahl der Plätze eine geschlossene Bebauung vorweist.

ZU 2.) ENTWICKLUNG VOM MÜNSTERPLATZ

- In der Physik gibt es Begriffe wie Entropie, Hauptsätze der Thermodynamik etc. Wendet man diese Sätze und deren Aussagen an, so müsste sich ein nachrangiges geordnetes System, nämlich das schiefwinklige des Münsterviertel, in das orthogonale System des ehemaligen Hüfingerviertels gewandelt haben. Dies ist jedoch nicht möglich, da der Entropiepfeil immer in die Richtung von der Ordnung zur Unordnung weist. Die Annahme, dass sich die Stadt vom Münsterviertel aus entwickelt hat, ist im Hinblick auf diese Prämisse nicht durchdacht. Damit ist klar, auch aufgrund dieses einen neben anderen Gedanken, dass sich die Stadt von Süden aus entwickelt haben muss.

ZU 3.) MOTTEN

- Am Riettor (Käferbergle) und am Oberen Tor gibt es zwei Erhebungen. Motten werden so definiert, dass auf einer Erhebung ein Herrensitz war. Die beiden angenommenen Motten haben einen grundlegenden Unterschied. Bei der einen am Oberen Tor läuft die Erhebung in den Außenbereich, also die Stadtmauer wird auf der Motte gebaut. Bei der sogenannten Motte am Riettor ist die Erhebung durch die Stadtmauer angeschnitten. Die Mauer gründet bis auf den Außenbereich, und eine Differenz zwischen Erhebung innen und Mauerfuß außen ist mit ca. 5 m gegeben. Dies bedeutet, dass man diese Erhebung mit der Stadtmauer angeschnitten und mit erheblichem Aufwand abgetragen hat. Warum

ist aber eine Erhebung angeschnitten und eine andere läuft durch? Die Mächtigkeit vom Käferbergle hatte mit 5 m Höhe und einem ausgreifenden Fuß einen erheblichen Aufwand nötig, um die Stadtmauer an dieser Stelle so zu fassen, dass die Mauer genau an dieser Stelle ihren Platz finden musste. Wären die damaligen Bauwerker und Planer dem Wachstumsgesetz unterlegen, wäre die Mauer entweder über die Erhebung oder um die Erhebung geführt worden. So ist anhand dieses Details die Aussage gerechtfertigt, dass die Stadtmauer anhand eines Planungsgedankens errichtet wurde.

- Des Weiteren wird durch die Nachfolger von Mekseper angeführt, dass die Erhebungen im Schwemmland eines Flusses nicht vorkommen. Dieses Argument ist vorwiegend dort üblich, wo die Flüsse in der Ebene fließen. Dort findet man keine solche Erhebungen und wenn, dann nicht in dieser Ausprägung. Villingen liegt geologisch am Rande des Schwarzwalds, wo solche Erhebungen möglich sind. Allein die östliche Ausbildung des Hubenlochs zeigt auf geologische Formationen, die es im Schwemmbereich der Brigach möglich machen, auch mit kleineren Erhebungen zu rechnen. So ist es nicht die einzige Möglichkeit, dass diese beiden Erhebungen für einen Herrensitz aufgeschüttet wurden,

Die Ästhetik der Kreuztürme

sondern, dass sie schon immer vorhanden waren. Deshalb muss man davon ausgehen, dass die beiden Erhebungen keine Motten waren, sondern geologische Erhebungen, deren eine so baulich bearbeitet wurde, dass die Stadtmauer exakt an dieser Stelle ihren Platz fand. Wäre dort ein Herr gesessen, wäre ein solcher Vorgang nicht möglich gewesen, denn dieser Herr hätte sich nicht entheben und von seinem Herrensitz vertreiben lassen. Außerdem fehlen Beweise aufgrund archäologischer Funde.

Es zeigt sich, dass die Annahmen von Mekseper und dessen Nachfolger unhaltbar sind bis auf die Tatsache, dass Mekseper zum ersten Mal nachweisbar feststellen konnte, dass das Kreuz schiefwinklig war und immer noch ist. Aus dieser Tatsache sind verschiedene Thesen mit definierten Prämissen und Beweisen möglich, oder aber die aufgestellten Behauptungen unterliegen nicht begründbaren Annahmen, was zu einem fehlerhaften, aber nachhaltigen Ergebnis führt, das man an zahlreichen Stellen der Stadt ablesen kann (s. Bilderblock anderes Gesetz).

SCHIEFWINKLIGES KREUZ

Das Kreuz der Stadt Villingen ist das Superzeichen in der Stadt. Es überragt in seiner Bedeutung noch das Münster. Es ist Versammlungs- und Treffpunkt der Villinger – nicht nur an Samstagen. Dass die damaligen Baumeister auch rechtwinklige Kreuze in der Stadt bauen konnten, ist in den Städten Rottweil und Kenzingen eingangs dargestellt abzulesen. Auch die Städte Freiburg und Isny werden den Kreuzstädten von den Historikern zugerechnet. Sie können im Internet bei Bedarf jederzeit abgerufen werden. Es gibt zwei grundlegende Möglichkeiten, wie dieses Kreuz entstand:

Die Stadt wird anhand eines Bauplans entworfen – im Sand, auf einer Tierdecke, auf einer Holzplatte etc. Dieser Entwurf dient dazu, mögliche zukünftige Bewohner zu überzeugen, sich in der Stadt niederzulassen. Dafür bedarf es eines übergeordneten Merkmals: dem Kreuz, denn dieses ist in einer solchen Qualität in keiner Stadt, bis auf die genannten Städte, vorhanden. Danach hat die religiöse Überzeugung des Planers nicht nur eine vertikale, sondern auch eine horizontale Bedeutung und dient nicht nur religiösen, sondern insgesamt sozialen Bedürfnissen.

Die Stadt wird vom Süden her bebaut. Ein weiterer Beleg dafür sind die Stadtbäche, die wie heute bei den Kanälen vom Tief- zum Hochpunkt gebaut werden. Die Stadt ist in orthogonale quadratische Baublocks eingeteilt. Sie erhält fünf Straßenzüge. Ein Ausschnitt für die Kirche und eine äußere Begrenzung. Ob der Plan so oder anders ausgesehen hat, ist marginal. Was wichtig ist, ist was sich heute n o c h darstellt. Beim Übergang vom orthogonalen in das schiefwinklige System muss ein entscheidender Grund vorhanden gewesen sein, der nur in der Wegeführung gelegen haben kann. Der westliche Ausgang hätte bei der reinen rechtwinkligen Form auf das Hubenloch gezielt sein und die einwärtsführende, also die Vöhrenbacher Straße, hätte damit einen Bogen machen müssen, um in die Stadt zu führen. Ob man mit der Stadt zu südlich begonnen oder die Stadt nicht einen Baublock weitergeführt hat, ist nicht mehr nachvollziehbar. Der Übergang vom orthogonalen euklidischen System in das schiefwinklige System ist deshalb bedeutsam, weil der Übergang zeitlich nahe erfolgt sein muss, denn sonst wäre an der Linie Brunnenstraße-Schlößlegasse und parallel dazu Riet-, Bickenstraße eine Wachstumsform so nachweisbar, dass der Übergang vom orthogonalen zur Wachstumsprägung sichtbar gewesen wäre. Die beschriebenen Verzahnungen an den Kreuzungen und Ecken weisen auf das nachhaltige Festhalten des südlichen Systems durch die damaligen Baumeister hin.

Wie dann die Stadt weiter bebaut wurde, ist in meiner Schrift x1 beschrieben und soll nicht wiederholt werden.

Eine weitere Möglichkeit ergibt sich, wenn wir Humperts Theorie ergänzen mit einem religiösen Gedanken, der auf das Kreuz hinweist. Humpert behauptet und weist dies planerisch mit den heutigen Mitteln nach, dass die Stadt Villingen mit allen ihren Merkwürdigkeiten, die darauf schließen, dass ein orthogonales System in ein schiefwinkliges überführt

wurde, auch bewusst so geplant wurde. Einem solchen Gedanken zu folgen ist für einen Planer sehr schwierig, weil die Unvorhersehbarkeit beim Bauen, insbesondere in einer Stadt, „bewusst" so geschehen sein sollte. Eine dieser Merkwürdigkeiten ist die: Warum wird das orthogonale System nicht erst an der Schiene Riet-, Bickenstraße abgelöst und stattdessen schon an den Straßenräumen Brunnenstraße – Schlösslegasse? Wenn dies bewusst gemacht wurde, muss es einen Grund haben, der auch mir noch nicht zugänglich ist. Eine weitere solche Merkwürdigkeit ist das Knie in der Stadtmauer im nördlichen Bereich des Münsterviertels. Wer eintaucht in die städtische Geometrie von Villingen wird manches entdecken, was noch nicht geklärt ist. Die wesentlichen Prämissen sind jedoch dargelegt, die klar aufzeigen, dass Villingen geplant sein muss und damit einen höchsten baukulturellen Anspruch haben muss.

Einer der Ersten im europäischen Raum weist der Zahlentheorie eine erhebliche Bedeutung zu. Die heutigen Naturwissenschaftler, wie Mathematiker und Physiker, verweisen solche Bemühungen in das Reich der Esoterik – also wissenschaftlich nicht haltbar. Obwohl Pythagoras, der Begründer der Zahlentheorie, einer der größten Naturforscher war, nimmt man diese Überlegungen nicht ernst. Bevor man die Bibel schrieb, lebte und forschte Pythagoras in Griechenland, und eines seiner Forschergebiete war die Zahl, deren Bedeutung er an einer schwingenden Saite ableitete.

In der Bibel (Genesis 2,3) erhält die Zahl Fünf *(Abb. 70)* eine besondere Bedeutung. Der irdischen materiellen Welt wird die Zahl Vier zugeschrieben. Die Zahl Fünf aber ist der Bibel nach die Zahl des Geistes und des Jenseitigen. Wo taucht aber im Stadtgrundriss die Zahl Fünf auf? Nirgends. Wie könnte man sie ableiten? Jeder Leser kann mit einem Winkelmaß den Winkel zwischen der Rietstraße und der Oberen Straße messen. Dieser Winkel beträgt exakt 72 Grad. Schlagen wir einen Kreisbogen, erhalten wir Radspeichen, die exakt einen Kreis mit fünf Segmenten bilden (360/5=72). Damit weist dieser Stadtgrundriss nicht nur auf das Weltliche, sondern auf das Geistige in jener Zeit hin. Will man diese Möglichkeit und Intention und damit Humperts Theorie erweitern mit den aufgezeigten Prämissen und Beweisen des Verfassers ergänzen, dann gibt es keine Zweiphasigkeit im Bau, sondern dieses ganze städtische Gefüge unterliegt einem Gedanken, den es noch weiter zu ergründen und zu erforschen gilt. Die aufgezeigten Beweise führen nur zu dem Schluss, dass die Stadt geplant sein muss. Die seit 60 Jahren bisher gezeigten Annahmen sind unhaltbar – bis auf das schiefe Kreuz.

Wenn man allerdings in einer solchen sogenannten Forschung wesentliche Sachverhalte fraglich darstellt bzw. nicht sieht oder nicht sehen will, kann dies nur zu einem Fehlschluss führen.

Die Türme der Stadt am Ende der Hauptstraßen sind ein weiterer und entscheidender Beweis für die Planstadt Villingen, die am besten unter die Welterbe-Konvention gestellt sein müsste. Entweder allein mit den beiden anderen Kreuzstädten oder mit Schwenningen zusammen, um die beiden elementaren Bauprozesse in der europäischen Stadt darzustellen, aber auch zu sichern und zu dokumentieren.

Das Vorgenannte (Welterbe, Wiederaufbau) ist pure Imagination und entspricht dem, was möglich wäre, was sein könnte. Die Kraft des ungezügelten und verschleierten Bauwachstums ist jedoch ungeheuerlich und beeinflusst alle Beteiligten in erheblichem Maße. Für andere weitreichende Gedanken ist kein Platz, da diese zur Umsetzung Zeit benötigen. Dies ist im Gesellschaftsraum jedoch nicht gewollt. Dadurch wird die Stadt Villingen einen langsamen Tod sterben, denn die sogenannten Schutzvorkehrungen sind so gefasst, dass alles möglich ist, wie man aus dem Bildteil ablesen kann.

Es gäbe eine Vielzahl von Möglichkeiten, was sein könnte, davon wäre ein Weltkulturerbe-Antrag nur einer. Ein teilweiser Wiederaufbau von Villingen ein anderer. Die Stärkung der jeweiligen elementaren Baugesetze am jeweiligen Ort wieder ein anderer, also in Villingen und in Schwenningen. So wäre die Liste fortzusetzen, aber die Energie, die hinter dem jeweiligen Wachstum, wie dem Bau-, dem Wirtschafts-, dem sozialen oder dem Profit-Wachstum steht und weiterer Wachstumsgesetzen steckt, ist stärker als elementare und grundlegende Vorkehrungen zum Schutze der Stadt Villingen, aber auch von Schwenningen. Das in diesem Buch Vorgetragene wird keine Umkehr, nicht einmal einen Einhalt, bewirken. Ich habe es für diejenigen geschrieben, die eine ähnliche Auffassung haben und diese nicht entsprechend kundtun können, da ihr Empfinden der fachlichen Auseinandersetzung noch nicht standhält. Mit meiner ersten Schrift x1 und diesem Buch kann dies vielleicht ein bisschen besser gelingen.

Die in den beiden Schriften dargelegten Beweise zur Planstadt Villingen lauten und finden sich in den folgenden Stadtelementen:

- Kreuz
- Oval
- Untersuchung von 26 Orten mit nachweislicher Stadtgeometrieentwicklung
- südliche orthogonale Stadtstruktur
- nördliche parallellogrammförmige Stadtstruktur
- Münsterstellung
- Turmstellung
- Verzahnung an den Kreuzungen und Straßenecken
- Hafner- und Kronengasse
- Bachsystem

Eingangs fiel das Wort Prophet. Ich bin kein Prophet und werde keiner sein.

Jedoch ist klar, dass ein besserer Schutz der Stadt Villingen, wie er in den letzten 60 Jahren vorgenommen wurde, eintreten sollte. Das Potential dieser beiden Städte aufgrund ihrer grundlegenden Geometrien ist enorm. Man müsste es nur mit anderen Mitteln als mit dem fraktalen Wachstumsgesetz in Gang setzen.

Manch einer wird glauben, dass die beiden Stadtentwicklungen von Villingen und Schwenningen ein lokales Problem seien. Derjenige irrt. Diese städtebaulichen Grundmuster sind – wie man sagt – international. Man kann sie in Russland, China, Amerika und in ganz Europa ablesen und ableiten. Oft gehen sie ineinander über und sind verschwommen, andererseits sind sie klar getrennt. Diese beiden dargestellten Geometrien sind umfassend in ihrer Bedeutung. Dabei ist dem fraktalen System dort Einhalt zu gebieten, wo es bedeutsame bauliche und kulturelle Erbestätten beginnt zu überwachsen. Andererseits muss man ihm dort Freiraum geben, wo es in seiner Form seine Entfaltungsmöglichkeit braucht. Ordnung und Unordnung kann so nicht weiter gedacht werden, denn das gewachsene und fraktale System hat seit Entdeckung der zugehörigen Geometrie eine gleich große Berechtigung, allerdings nur im jeweiligen System. Will man die beiden Systeme als solche behalten und schützen, darf man nicht das eine System in das andere wachsen lassen. Es ist möglich, solche ungeheuren Kräfte einzuschränken, was allerdings nicht durch einen Einzelnen wie mich geschehen kann. Es bedingt, dass man den Ort kennt, wo man baut. Man muss die Baugesetze und die städtebaulichen Gesetze kennen. Nicht nur die Geschriebenen, sondern die Offensichtlichen. Ist dies von den Beteiligten vorhanden, ist eine gedeihliche Entwicklung für Villingen, aber auch für Schwenningen, vorstellbar. Auch die Vereinserfahrungen zeigen jedoch, dass die Bürger anderes wollen als eine grundlegende Aufarbeitung. Sie halten an solchen aufgezeigten Prozessen fest, obwohl dies wie gezeigt den schleichenden Untergang von Villingen bewirkt.

Jeder wird sagen, das in diesem Buch Aufgezeigte ist nichts Neues. Die Frage ist dann: Warum gibt es solche schleichenden Zerstörungen, wenn man die Stadt als solche erhalten will?

Die Kraft des Neuen ist wie gezeigt elementar und überwölbt bestehende Strukturen, greift sie an, verändert sie, möchte angeblich etwas verbessern, um das eigene Gesetz gegen das überkommene zu stellen. Das sogenannte Neue handelt auf allen Ebenen, um seine Interessen durchzusetzen, und ist dabei rücksichtslos. Der Einzelne kann sich nur sehr schwer gegen diesen Prozess wehren, denn die Rhetorik und Erklärung des Neuen ist so geführt, dass mit dem Erhalt des Bestehenden Gefährdungen für die Menschen entstehen würden. Das Buch zeigt auf, dass dieser Prozess voll im Gange ist und der Bür-

ger entscheiden muss, was er will. Ein einmaliges städtebauliches Kulturgut erhalten oder dem fraktalen Wachstumsprozess in der Stadt zustimmen. Für ein Sowohl-als-auch ist es schon lange zu spät, was jeder bei einem Gang durch die Stadt sehen und erkennen kann.

Will man den Prozess in der Kernstadt Villingen stoppen und umkehren, sind grundsätzliche Antworten zu formulieren, die auf den gezeigten grundlegenden Baugesetzen der Stadt basieren müssen.

Die Unschärfe der Bilder in diesem Buch verweist auf die langsame Auflösung der Stadt. Die gezeigten Bildausschnitte sind vor Ort zu prüfen.

Die Stellung der Villinger Türme kann für manchen Interessierten, ob Professor, Dr. einfacher Heimatforscher, Archäologe, Denkmalschützer, Bauforscher, Architekt, Bauleiter, Städtebauer Stadtplaner und für jeden interessierten Laien zum allgemeinen Bauen finden. Ob es ein Turm eine Stadt oder ein Stadthaus ist grundsätzlich unerheblich. Wir müssen nur definieren wo wir bauen. In welchem Kontext, in welcher Umgebung, in welchen städtebaulichen hochwertigen oder einfachen Räumen. Die Ergebnisse können einfach und sehr komplex sein, münden jedoch immer in der Frage, nehme ich Rücksicht auf die gekannte Umgebung oder möchte ich mich „frei verwirklichen" im Denken, Handeln oder eben im Bauen. Die beiden gezeigten Strukturen fraktal und euklidisch eröffnen Möglichkeiten in dem die einen, einen freien egoistischen Weg ermöglichen und das euklidische System eröffnet eher einen gebundenen Weg. Die Analyse der Stadtstruktur in Deutschland zeigt vorherrschend das fraktale System auf, dessen Denken auch in Villingen seit 200 Jahren durch die ersten Abbrüche herrscht die bis heute anhalten. Ein anderer Blick zur Stadt könnte manches eröffnen.

Wenn wir in das Denken des Mittelalter eintauchen, dann gibt es für diese Stellung der Türme nur eine Antwort. Die noch vorhandenen Schauseiten die zum Zentrum zeigen, offenbaren wie mehrfach angesprochen einen ästhetischen Charakter, der sich in mehreren Architekturstilen (Gründerzeit Neoklassizismus) zeigt, der nur durch einen damaligen baukünstlerischen Anspruch zu erklären ist. Die Türme müssen gemeinsam oder kurz hintereinander entstanden sein, nur so lässt sich die geometrische Stellung zur jeweiligen Straßenflucht erklären. Dieser Gehalt, dieser Fundus, dieser Grundgedanke zum Schönen im euklidischen Kontext, kann deshalb nicht nur anhand der Türme abgeleitet werden, sondern er trifft auf die ganze Stadt zu. Villingen ist demnach eine Stadt der Proportion, der städtebaulichen Ordnung, der Harmonik, eines übergeordneten Zeichen, einer klaren inneren Struktur und einer ovalen äußere Form. Villingen ist schlicht und einfach für das Schöne gebaut worden. Leider wird es immer weiter zerstört, und dieses ehemalige Ganze unterliegt weiter einer egoistischen Freiheit Einzelner die das Rudimentäre und die vorhandenen Fragmente dieser Stadt weiter vergrößern bzw. vergrößern lassen. Die Einmaligkeit der Ästhetik von Villingen repräsentiert durch das helle und farbige Mittelalter, wurde durch den Schutz-und Trutz Gedanken des dunklen und angstbesetzten Mittelalter nie diskutiert. Die Beweisführung anhand der beiden von mir verfassten Schriften liegt vor und jeder Laie und Sachkundige kann sie für sich klären soweit er will. Meine Meinung ist formuliert, bis ich auf weitere noch nachhaltigere und eindeutige Beweise zur Stadt stoßen sollte. Die sogenannten Fach- und Sachaussagen zur Stadt gehören auf den Prüfstand und grundlegend aufgearbeitet.

Die Ästhetik der Kreuztürme

DANK ...

... an all diejenigen, die mich in irgendeiner Form bei diesem letzten Beweis zur Planstadt Villingen unterstützt haben. Ob das erste Fotos waren oder erste Planentwürfe, ob das das verwendete Layout war oder die Textkorrektur. Jedem gebührt die entsprechende Anerkennung, denn es ist nicht immer möglich, Personen zu unterstützen, die dem herkömmlichen Zeitgeist etwas entgegenstellen, was eine grundlegendere Antwort zur Stadtgestalt in sich birgt.

Ein besonderer Dank gilt den Mitgründern des damaligen Vereins Stadtbild. Der Verfasser hat diesen Verein ins Leben gerufen, um eine allumfassende Darstellung von Villingen zu erhalten. Sämtliche Theorien, Thesen, Annahmen etc. zur Stadt aus verschiedenen Richtungen hätte man aufarbeiten müssen, um eine klare Haltung zur Stadt zu erhalten und um ihre Bedeutsamkeit gegenüber den Bürgern darzustellen. Dies war leider nur ungenügend möglich, weshalb ich mich vom Vereinsleben zurückzog und meine eigenen Forschungen weiter betrieb.

Einer Berufsgruppe muss man jedoch eine besondere Anerkennung zollen: Das sind die Geometer, die Vermesser. Wären sie nicht in jedem Jahrhundert vorhanden gewesen, wie z.B. Gumpp, gäbe es dieses und viele andere Bücher nicht. Die Vermessungsfachleute sorgen dafür, dass – welches Gebäude auch immer und in welcher Ausprägung – diese in Karten eingetragen werden und über den Lauf von Jahrhunderten, Jahrzehnten und Jahren abgerufen werden können. Diese Berufsgruppe sorgt dafür, dass die Entwicklungen der Dörfer und Städte ablesbar bleibt, sodass, wie ich hoffe, die Lehrmeinung „ergänzt" wird.

Ein besonderer Dank gilt dem Vermessungsamt Villingen-Schwenningen, welches mich in meinen Forschungen zur Stadt immer unterstützt hat, und das über einen Zeitraum von nunmehr 22 Jahren.

Vieles wurde gezeigt, um ein abgerundetes Bild zu erhalten, doch manches Geheimnis wird sich noch an verschiedenen Orten in der Stadt entdecken lassen.

Die Ästhetik der Kreuztürme

Vom Verfasser Thomas Hettich (Veröffentlichungen x1-x4):

Die Chance des Niederen Tors . . . . Stadtarchiv VS

Stadtkulturerbe Villingen . . . . ISBN 978-3-8334-98084

Der Urton vor dem Urknall . . . . ISBN 3-8334-1024-8

Die Imaginationskonstante i. . . . . ISBN 978-3848-213979

Raumstruktur-Zahl-erhellte Materie-Energie . . . . ISBN 978-3735-723048

www.Thomas-Hettich.de